これ一冊で安心！

投資信託のはじめ方

エフピーウーマン代表
大竹のり子 監修

ナツメ社

はじめに

　子どもの教育費、住宅ローンの返済、老後への備え…、生活の中で必要なお金を数え上げるときりがありません。でも一方でお給料は思うように上がらず、将来もらえる年金は目減りしそうな気配、そして消費税などの税金や社会保険料負担増……。お金の不安や悩みがつきないという人は少なくないことでしょう。

　とはいえ、低金利の時代にあっては、銀行の定期預金に何年預けてもお金はほとんど増えません。将来のために少しでもお金を増やそうと思うのであれば、資産運用という選択肢を味方につけることが必須の時代でもあります。

　なかでもチャレンジしやすい資産運用の筆頭に挙げられるのが「投資信託」です。投資信託は、株やFXなどに比べて、投資経験のない人でもずっと気軽に始められる金融商品。上手に付き合うことで、堅実な資産運用が可能です。

　さらに、NISA（少額投資非課税制度）やiDeCo（個人型確定拠出年金）など、公的な優遇制度も整ってきています。国も資産運用による資産形成を後押ししているのです。

　本書では、これから投資信託を始めたい人に向けて、なるべく専門用語を使わずに、マンガや図解、イラストを多用して、ポイントをわかりやすく解説しました。レッスンに沿って読み進めるうちに、失敗しないための知識をまんべんなく身につけられることと思います。

　本書によって読者のみなさんが賢く計画的に資産を運用でき、それが楽しく充実した毎日の一助になることを心から願っています。

エフピーウーマン代表取締役
ファイナンシャルプランナー

大竹のり子

これ一冊で安心！
投資信託のはじめ方

CONTENTS

はじめに ……………………… 2

プロローグ　どうして今、投資信託が必要なの？

家計のやりくりは貯蓄だけでは足りない？ …………………………… 8
投資に注目してみよう！ ……………………………………………… 12
初心者に投資信託がよい3つの理由 …………………………………… 16
投資信託を始める人へ　7つのルール ………………………………… 20

レッスン1　まずはここから　投資信託のしくみと投資のキホン

【マンガ】投資の勉強スタート。何でも投資に思えて… …………………… 22
【投資信託のしくみ①】投資家から集めたお金をプロが運用する ………… 24
【投資信託のしくみ②】3つの会社がかかわるから安心度が高い ………… 26
【投資信託のしくみ③】投資信託の値段は「基準価額」で表される ……… 28
【投資信託のしくみ④】得られる利益は2種類 ……………………………… 30
【リスクとリターン】「確実にもうかる」わけではない …………………… 32

【コストを知る】手数料は少ないほどよい	34
【投資に対する考え方①】方針や目標をはっきりさせる	36
【投資に対する考え方②】「どれだけリスクを負えるか」をつかんでおく	38
【投資に対する考え方③】分散投資でリスクを減らせる	40
集中講義　資産配分が成功の決め手	42
【投資に対する考え方④】長く持ち続けるほど運用は安定する	44
集中講義　利益や分配金には約20％の税金がかかる	46
レッスン1 おさらいテスト	48

レッスン2
どこで買える？　どうやって買う？
投資信託を始めるときの手続き

マンガ　スーパーの買い物で投資信託の手続きを学ぶ	50
【投資信託実践の手順】口座開設は原則無料。手続きもカンタン！	52
【取引のステップ①】販売会社を選ぶ	54
【取引のステップ②】取引口座をつくる	56
集中講義　NISA口座なら税金が有利になる	58
【取引のステップ③】投資信託を選ぶ＆買う	60
集中講義　目論見書って何だろう？	62
【取引のステップ④】投資信託を売る	64
レッスン2 おさらいテスト	66

レッスン3
初心者向けから大きくもうけたい人向けまで多彩
投資信託の種類とタイプ

マンガ 投資信託、わかれば選べる	68
【投資信託の種類とタイプ】目標や好みに合ったものを選べる	70
【単位型と追加型】追加型ならいつでも買える	72
【投資対象①株式型】株式に投資して大きな値上がり益をねらう	74
【投資対象②債券型】債券に投資して安定した利益を得る	76
【海外投資】海外への投資でより広く分散投資を	78
【投資方針①インデックス型】初心者にもわかりやすい「指数」に合わせた運用	80
【投資方針②アクティブ型】ファンドマネージャーがより大きな利益を追求する	82
【ETF(イーティーエフ)】株式と同じように売買できる投資信託	84
【REIT(リート)】少額から不動産に投資ができる	86
【バランス型】1つの投資信託で手軽に分散投資ができる	88
【ファミリーファンド方式/ファンドオブファンズ方式】しくみの工夫でより有利な運用をめざす	90
集中講義 ホームページにアクセスしてみよう	92
レッスン3 おさらいテスト	94

レッスン4
自分にぴったりの「当たり商品」を見つけよう
投資信託の選び方

- **マンガ** よい苗（投資信託）を選んで大切に育てる ……… 96
- 【選び方のキホン】目論見書と運用報告書をしっかり読む ……… 98
  - この数字をチェック① 基準価額／騰落率 ……… 100
  - この数字をチェック② 純資産総額 ……… 101
  - この数字をチェック③ シャープレシオ ……… 102
  - この数字をチェック④ トータルリターン ……… 103
- 【初心者の投資信託選び①】インデックス型から始めよう ……… 104
- 【初心者の投資信託選び②】投信積立ならコツコツ増やせる ……… 106
- **集中講義** つみたてNISAの活用術 ……… 108
- 【初心者の投資信託選び③】分配金の回数は少ないほどよい ……… 110
- 【初心者の投資信託選び④】信託報酬は低いほどよい ……… 112
- 【初心者の投資信託選び⑤】海外投資は「為替」に注意する ……… 114
- 【購入後のポイント①】運用状況は定期的にチェック ……… 116
- 【購入後のポイント②】売るタイミングはマイルールを決めておく ……… 118
- レッスン4 おさらいテスト ……… 120

レッスン5
ケーススタディ
失敗例から成功のコツを学ぶ

- 【失敗例その①】「ランキングの高い商品を選んだのに…」 ……… 122
- 【失敗例その②】「リスクを甘く考えていた…」 ……… 124

【失敗例その③】「分配金の多さで商品を選んだら…」	126
【失敗例その④】「手数料を考えていなかった…」	128
【失敗例その⑤】「長期間ほったらかしにしていたら…」	130
【失敗例その⑥】「日々の値動きを気にしすぎて…」	132
【失敗例その⑦】退職金をつぎ込んで投信デビュー	134
レッスン5 おさらいテスト	136

巻末レッスン
老後資金づくりで人気 iDeCo(イデコ)のポイントを知っておく

【イデコのしくみ】老後資金の不足を補う「確定拠出年金」	138
【イデコのメリット】最大のメリットは3つの税制優遇	140
【金融機関の選び方】口座は1人につき1つ。慎重に選ぶ	142
【運用のポイント】目標に応じて2つのタイプを使い分ける	144
【イデコの受け取り方】年金と一時金から選ぶことができる	146
巻末レッスンおさらいテスト	148

| 集中講義 投資信託の確定申告は難しくない | 149 |

| ささっとわかる 投資信託お役立ち用語集 | 153 |
| さくいん | 156 |

本書の内容は、2018年12月現在の法令等に基づいて作成しています。
改正などにより変更となる場合がありますので、実際のご利用の際はご注意ください。

プロローグ

どうして今、投資信託が必要なの？

Aさん一家は30代前半の夫婦、
小学校低学年の息子がいます。
子どもの成長とともに、将来のお金のことが気にかかってきました。

家計のやりくりは貯蓄だけでは足りない？

家計バランスシートで「うちの財産状況」をチェック

そもそも自分たちに、どんな資産や負債がどれだけあるのか、家計のバランスがとれているのか、きちんと把握しておきましょう。この表のチェックから、資産運用の必要性なども見えてきます。

家計バランスシート

10万円以下のものは省略可。

資産			負債		
現金・預貯金	現金	（　　　円）	ローン（残高）	住宅ローン	（　　　円）
	預貯金	（　　　円）		自動車ローン	（　　　円）
	社内預金・財形貯蓄	（　　　円）		カードローン	（　　　円）
	（　　　）	（　　　円）		（　　　）	（　　　円）
金融商品など	株式*	（　　　円）	未払金	クレジットカード	（　　　円）
	投資信託*	（　　　円）		商品・サービス	（　　　円）
	債券*	（　　　円）		（　　　）	（　　　円）
	（　　　）	（　　　円）	負債合計		円
保険（解約返戻金）	生命保険	（　　　円）			
	個人年金保険	（　　　円）			
	学資保険	（　　　円）			
	（　　　）	（　　　円）			
持ち家	土地*	（　　　円）			
	建物*	（　　　円）			
	（　　　）	（　　　円）			
その他	自動車*	（　　　円）			
	（　　　）	（　　　円）			
	（　　　）	（　　　円）			
資産合計		円			

　　　円 － 　　　円 ＝ **純資産**　　　円
本当の財産

＊購入価格ではなく、売却した場合の価格（時価）。

将来必要なお金を具体的に考えてみる

将来、いつ何にいくら必要か書き出してみましょう。書き出すことで、漠然とした希望を明確にできたり、資金不足になる時期などがはっきりしてきます。家計の収支や財産と合わせることで、わが家のお金の課題も見えてくるでしょう。

プロローグ　どうして今、投資信託が必要なの？

ライフプランシート例と記入ポイント

- 20〜30年後まで考えてみる。
- 家族の名前や年齢を記入する。
- それぞれのライフイベントを書いていく（子の進学やマイホーム購入、定年退職、その他、実現したいことなど）。
- ライフイベントにかかる金額を記入する。金額はざっくりでよい。大きな金額が重なりそうな時期に注意。

年	家族の年齢 自分				ライフイベント	必要金額
2019						円
2020						円
2021						円
2022						円
2023						円
2024						円
2025						円
2026						円
2027						円
2028						円

プロローグ どうして今、投資信託が必要なの？

～金融商品の例～

株式
国内外の株式に投資する。大きなリターンをねらえるが、リスクも大きい。

債券
国内外の債券に投資する。リスクは小さめだが、大きなリターンは望めない。

投資信託
株式や債券などがパッケージされている。商品によりリスクやリターンは異なる。

FX
FX会社に資金を預け、為替や金利で大きなリターンをねらう。リスクは大きい。

仮想通貨
オンライン上の通貨。購入時と売却時の差額などで利益を得られる。リスクは高め。

投資といってもたくさんの種類がありますよ。金融商品ともいいますね

安全性・収益性・流動性という3つのポイントから、自分に合ったものを判断しましょう → 14ページ

ほー…

種類によって中身も全然違うんですね。がぜん興味が出てきました！

ただし、どんな投資にも「リターン」だけでなく、いろいろな「リスク」があります → 32ページ

ですから、必ず余裕資金で行いましょう → 15ページ

投資の基本メリットとデメリット

中長期的に
お金が増える
期待できる

投じた資金が
減ってしまう
可能性がある

投資は短期的に大きな利益をねらう投機（ギャンブル）ではありません。できるだけリスクを抑えながら、資産の増加をめざすものです。大きなリターンを期待できる商品ほど、同時にリスクも高くなります。

金融商品は3つのポイントから判断する

安全性
投資したお金が減らないか、利子などの支払いは確実か。

流動性
必要なときにすぐお金に換えられるか。

収益性
どれくらいの利益を見込めるか。

安全性が高いほど収益性は低い。

流動性が高いほど収益性は低い。

投資の目的によりこの3つのバランスを考える
（すべてにすぐれた金融商品はない）

例

普通預金

株式

投資は「増やす財布」から行う

手元の資金
（収入、貯蓄など）

↓

3つの財布に分けて考える

↓ ↓ ↓

使う財布	守る財布	増やす財布
生活費やいざというときのために手元に置くお金	数年以内に使いみちの決まっているお金	余裕資金（万が一なくなっても生活に支障が出ないお金）

- 使う財布：めやす **収入の80%**（毎月の生活費×6か月分程度）
- 守る財布：めやす **収入の10%**
- 増やす財布：めやす **収入の10%**

どこへ　　　どこへ　　　どこへ

給与の振込口座など　　定期預金、債券など　　収益性のある金融商品など

どんな投資を行うか

自分がどんな投資をできるのか、現在の生活や人生設計から考えるんですね。

- ライフプランなどから、投資の方針や目標をはっきりさせる　→ 36ページ

貯蓄の場合、その金融機関が破たんでもしない限り資金は安全です。でも、将来インフレとなって物価が上昇した場合は、お金の価値が目減りする可能性がありますよ。

- 自分のリスク許容度を知る　→ 38ページ

こうしたチェックをもとに、自分の希望に合った商品を選ぶ。

プロローグ　どうして今、投資信託が必要なの？

初心者に投資信託がよい3つの理由

投資信託は長期・分散を実践しやすい

投資信託は、投資家から集めた資金をプロがまとめて運用する金融商品です。運用による利益は、分配金や売却益の形で受け取ります。種類やタイプがたくさんあり、それぞれリターンやリスクに違いがあります。

長期投資
→ 44ページ

金融商品を長期間保有して運用するほど、価格変動リスクを抑えられる。毎月一定額を購入する積立という方法もある。早く始めるほど有利。

投資信託なら
少額から始められ、長く安定した運用を期待できるインデックス型などがある。

分散投資
→ 40ページ

投資先を複数に分散してリスクを小さくする。株式、債券など資産の分散や、国内、海外など地域の分散といった方法がある。

投資信託なら
少額で複数の資産に投資できる。1つの商品で分散投資ができるバランス型もある。

投資信託はこんな人にぴったり

忙しくて時間がとれない人

スマホやパソコンから購入などができる。運用はプロにまかせられる。

余裕資金が少ない人

5000～1万円など、少額からコツコツ始められる。

投資の知識が少ない初心者

さまざまな種類があるため、比較的リスクの小さいものを選べる。

投資で見逃せない NISA、iDeCo とは

どちらも投資により資産形成をする人のために、国が設けている税金の優遇制度です。NISA にはより初心者向けのつみたて NISA もあります。それぞれメリット・デメリットを確認して、有効に活用しましょう。

NISA、つみたて NISA

→ 58、108 ページ

投資家のための「少額投資非課税制度」。年間 120 万円、最長 5 年間（つみたて NISA は年間 40 万円、最長 20 年間）の投資を非課税で行うことができる。投資初心者には、つみたて NISA のほうがハードルは低い。併用はできない。

対象商品
上場株式や株式投資信託、REIT など。つみたて NISA の場合は、さらに厳しい条件をクリアした投資信託と ETF のみで利用できる。

iDeCo（イデコ）

→ 138 ページ

個人で加入できる「確定拠出年金」。確定拠出年金は、自らの運用により将来の年金をつくる制度。NISA と同様に運用益が非課税になるほか、掛金や受け取る年金（一時金）の税金軽減を受けられ、税金メリットが大きい。ただし、60 歳まで払い出しができない。

対象商品
一定条件を満たして金融庁に届け出た投資信託などのほか、定期預金や保険でも使える。

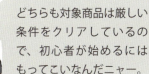
どちらも対象商品は厳しい条件をクリアしているので、初心者が始めるにはもってこいなんだニャー。

投資を始めやすい環境が整ってきてるんだな。

投資信託を始める人へ
7つのルール

それぞれ、本文で詳しく解説します。

1 運用は長期＆分散が基本 — リスクを抑える工夫が必須です。

2 その商品にどんなリスクがあるかチェック — 投資の知識を持ちましょう。

3 投資の方針や目標を明確にする — 余裕資金の範囲で行います。

4 つみたてNISAやiDeCoはしっかり活用 — 有利な制度は、よく調べて見逃さないようにしましょう。

5 手数料を甘くみない — 必ずかかるコストは少ないに越したことはありません。

6 分配金の必要性はよく考える — ありがたい分配金ですが、運用にはマイナスに働くことになります。

7 運用を始めたら定期的に状況をチェック — 神経質になる必要はありませんが、ほったらかしはNGです。

レッスン **1**

まずはここから
投資信託のしくみと投資のキホン

投資信託を始めるには、
まず投資信託がどんな金融商品なのか
知ることが必要です。
同時に、投資の基本的な考え方も身につけましょう。

投資の勉強スタート。
何でも投資に思えて…

投資信託のしくみ①

投資家から集めたお金をプロが運用する

投資信託が投資初心者に向いている大きな理由の1つは商品を選んだ後の運用をプロにまかせられることです。

投資信託って、そもそもどういうものですか？

株式などと同じ金融商品の1つですが、投資するお金を信頼して託す（信託）、つまり「専門家に資金を預けて運用してもらう」というのが大きな特徴です。ですから初心者にも安心なんです。

それなら私にもできそうです！

▶ **私たちが商品を選び専門家が運用する**

　投資信託は、私たち（投資家）から資金を集めて、そのまとまったお金を投資して運用する金融商品です。投資の対象は、株式や債券、それらを組み合わせたものなどさまざまです。この運用の成果が、投資した額に応じて投資家に分配されることになります。「投信」と略され、「ファンド」ともいいます。

　たとえば投資家が株式投資をする場合、自ら日々の株価の動きをチェックしながら売買を行います。そのためには、一定の知識やそれに費やす時間が必要です。投資信託なら、これをファンドマネージャーにまかせられるのです。

　とはいえ、投資家が何もしなくてよいわけではありません。数多くの投資信託の中から自分に合ったものを選び、購入後は定期的に運用状況をチェックします。

投資をプロにまかせられる

投資家（あなた）

資金
（投資信託の購入）

他の投資家

投資信託
さまざまな金融商品がセットになっている。

資金を集めて運用を行う。

ファンドマネージャー
その投資信託の方針に基づいて、運用を担当する投資のプロ。運用会社（→ 26ページ）に属している。

株式*

債券*

不動産*（REIT）

その他金融商品

＊それぞれ国内、海外のものがある。

レッスン1　投資信託のしくみと投資のキホン

もっと知りたい！Q&A

投資信託はいくらぐらいから買えますか？

投資信託は、ほとんどの商品を1万円程度から買うことができます。証券会社や銀行によっては1000円から、ネット証券なら100円から買えるところもあります。株式などより、ずっと少ない資金で始めることができるのです。

投資信託のしくみ②

3つの会社がかかわるから安心度が高い

投資信託には、通常3つの会社がかかわっています。
それぞれの役割の違いをつかんでおきましょう。

投資信託のパンフレットなどには、「運用会社」や「受託銀行」など、複数の会社が記載されています。どうしていくつもの会社がかかわってるんですか？

投資信託は必ず複数（通常3つ）の会社が協力して運営することになっています。役割分担により、資金を安全に管理・運用するためです。投資信託すべてに共通する重要なしくみなんです。

私たちが安心して投資をまかせられるためのしくみなんですね。

▶それぞれ役割がはっきり分かれている

　投資家（私たち）が投資信託を始めるとき、その窓口となる金融機関を**販売会社**といいます。申し込みや分配金の支払い、解約など、投資家との直接のやりとりは販売会社が行います。

　運用会社は、投資信託をつくり運用の指図を行う会社です。投資家が投資したお金は販売会社を通して、運用会社に渡ります。さらに、そのお金は**受託銀行（信託銀行）**に預けられ、受託銀行が金融市場で実際の売買を行います。こうして、投資信託では「販売」「運用」「管理」を分けているのです。

　このしくみにより、投資家が預けたお金は適切に管理され、仮にいずれかの会社が経営破たんなどになっても資金は保全されます。

投資信託はこのように運営される

投 資 家

申込金 ↓（投資信託の購入）　　↑ 分配金・償還金

販売会社
証券会社、銀行、郵便局など
● 投資信託の販売、支払いなどを行う窓口。

申込金 ↓　　↑ 分配金・償還金

運用会社
投資信託委託会社（ファンドマネージャー）
● 投資信託の運用を委任される。　● 運用方法を決めて、運用指図を行う。

申込金 ↓　　↑ 収益

受託銀行
信託銀行
● 投資家から預かった資金を保管・管理する。
● 実際の運用（売買）を行う。

投資 ↓　　↑ 収益

金融市場（海外／国内／株式／債券）
● 投資信託が売買される。

もっと知りたい！Q&A　投資信託にかかわる会社などが破たんしたら？

　私たちが投資したお金は、信託銀行により他の財産とは区分して管理されます。そのため、いずれかの会社が破たんしても資金は保全されます。資金は他の会社などに引き継いで運用を続けるか、解約して清算することになります。

投資信託のしくみ③

投資信託の値段は「基準価額」で表される

投資信託は「基準価額×○口」という形で購入します。この基準価額は毎日変動します。

投資信託の「値段」は基準価額といって、その投資信託が投資家から集めたお金の合計（純資産総額）を販売した数（総口数）で割った金額です。投資信託によって違います。

10個入り100円のお菓子なら1個当たり10円、この10円が基準価額ということですか？

そうですね。ただ、基準価額は毎日変わります。買う日によって値段が違うんです。基準価額が示すのは、その日の投資信託の価値ということです。

▶基準価額は1日ごとに変わる

　投資信託は「口」という単位で購入します。1口当たりの金額を**基準価額**といいます。基準価額は、投資家から集まった資金の総額である**純資産総額**を総口数（販売口数）で割った金額です。基準価額は1日1回変動するため、同じ投資信託を同じ口数買っても、時期が違えば値段は変わることになります。

　たとえば、純資産総額が10億円で総口数が10万口なら、基準価額は1万円です。運用により純資産総額が12億円に増えると、基準価額は1万2000円に上がります。基準価額が安いときに買って値上がりしたときに売れば、利益を得られます。基本的に、運用がうまくいっていて購入する人が多い（＝投資家に人気がある）投資信託ほど、基準価額は高くなります。

投資信託の「値段」はこう決まる

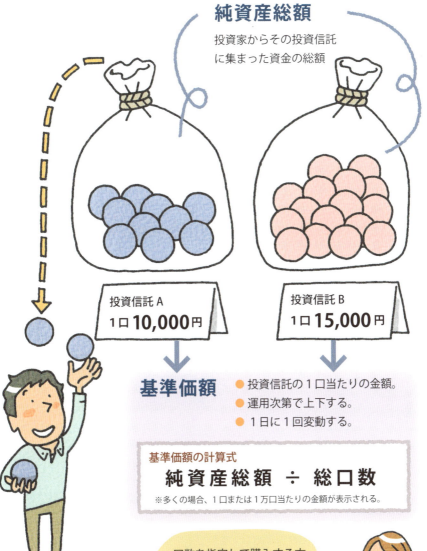

純資産総額
投資家からその投資信託に集まった資金の総額

投資信託A　1口 **10,000**円

投資信託B　1口 **15,000**円

基準価額
- 投資信託の1口当たりの金額。
- 運用次第で上下する。
- 1日に1回変動する。

基準価額の計算式

純資産総額 ÷ 総口数

※多くの場合、1口または1万口当たりの金額が表示される。

口数を指定して購入する方法（口数指定）と金額により購入する方法（金額指定）があります（→60ページ）。

レッスン1　投資信託のしくみと投資のキホン

投資信託のしくみ④

得られる利益は2種類

買ったときより高い値段で売ると利益が得られます。
定期的に利益を分配してもらうしくみもあります。

投資信託で得られる利益には、売ることで得られる「売却益」と、一定期間ごとに、運用成果の一部を受け取る「分配金」があります。

売却益は、大きく値上がりしていれば多いけど、値上がり幅が小さいと少なくなるんですよね。分配金は定期的にもらえるところがいいですね。

分配金の有無や支払い内容は、それぞれの投資信託の分配方針や運用成果によります。注意するポイントもありますよ（→110ページ）。

▶それぞれ役割がはっきり分かれている

　売却益（値上がり益）は、買ったときよりも高い基準価額で売れば得られます。それには、現在の基準価額が低く、これから上がりそうなものを買う必要があります。投資すべてに共通しますが「安いときに買って高いときに売る」のが基本です。

　分配金は運用成果の一部が分配されるものです。株式の配当金と同じような性格です。持っている口数が多いほど、多くの分配金を受け取れます。利益が出た分だけ分配するもの、元本を削っても一定額分配するものなどさまざまです。分配金を出さずに、運用成果をそのまま次の投資に回すタイプもあります（→110ページ）。

　その他、あらかじめ運用期間が決まっている投資信託は、運用期間終了時に資産を配分して投資家に戻します。これを**償還金**といいます。

「売ったときの利益」と「定期的にもらえる利益」

1 売却益（値上がり益）

- 売却時の基準価額の値上がり分が利益となる。
- 売却時に購入時より基準価額が下がっていると損失が出る。

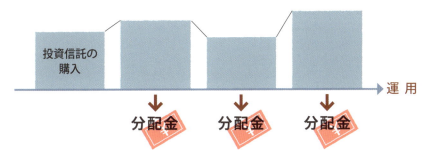

2 分配金

- 定期的に運用の成果から支払われる。
- 1か月に一度、6か月に一度、1年に一度など。
- 分配金の有無や金額、回数は、投資信託により異なる。

もっと知りたい！ KEY WORD

普通分配金と特別分配金

　分配金には2種類あり、運用の利益から支払われるものを「普通分配金」といい、利益が出ていなくても支払われるものを「特別分配金」といいます。特別分配金はサービスなどではなく、元本が切り崩されて返還されるものです（元本払戻金ともいう）。その分元本が減って、投資にマイナスとなるので要注意です。

リスクとリターン

「確実にもうかる」
わけではない

投資信託では大きな利益が期待できる一方、
元本割れの可能性もあります。

リスクって、損をするかもしれないってことですよね。私は絶対損をしたくないです。

得をするかもしれないですけどね。そういう人はリスクの小さい商品を選びましょう。でも、大きな利益（リターン）も期待できなくなりますよ。

うーん…、難しいなあ。

▶リターンとリスクは表裏一体

　投資のリスクとは、「運用結果のブレ幅の大きさ」のことをいいます。リスクが大きい商品ほど値動きが大きいため、大きな利益（リターン）が得られる可能性もあります（ハイリスク・ハイリターン）。リスクが小さい商品はその逆で値動きは小さく、大きなリターンは期待できません（ローリスク・ローリターン）。

　リスクには、右ページのようにさまざまなものがあります。たとえば、外国株式や外国債券などに投資すると、値動きだけでなく為替変動によるリスクが生じます。

　投資を始めるときは、自分がどの程度のリスクを負えるのかを考えることが大切です（→38ページ）。また、複数の資産（商品）に投資したり、長く保有するなどで、リスクを抑える工夫が必要です。

投資信託にはこんなリスクがある

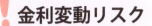
金利変動リスク
市場金利の動向で金利が変動する可能性。債券の価格に影響する。

価格変動リスク
国の財政状況や会社の業績、景気動向などにより、株式や債券の価格が変動する可能性。

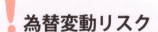
為替変動リスク
円と外貨との為替レートが変動する可能性。外国株式や外国債券に影響する。

信用リスク
国や会社の財政難や破たん、金融機関の経営状況の悪化などで、元本や利息が支払われなかったり価格が下がったりする可能性。

リスクとリターンは表裏一体（イメージ図）

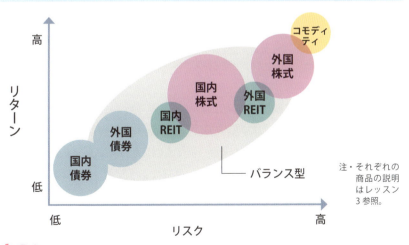

注・それぞれの商品の説明はレッスン3参照。

⚡POINT

- リターンが大きいものほどリスクも大きくなる。
- 一般に、債券より株式、国内より海外のほうがリスクとリターンが大きい。

コストを知る

手数料は
少ないほどよい

投資信託には手数料や税金がかかります。
これらの費用（コスト）も見逃せません。

投資信託を買うときには「販売手数料」、保有期間中には「信託報酬」といった手数料が必要です。売るときに手数料が必要なものもあります。

えっ、そんなに？
持っているときも手数料を払うんですか？

ファンドマネージャーなどに対する報酬なんです。信託報酬が年1％なら、少なくとも年1％以上の利益がないと損になりますね。こうした費用（コスト）にもしっかり気を配りましょう。

▶利益を減らす手数料はできるだけ少ないものがよい

　投資信託のコストには、まず購入時に支払う**販売手数料**があります。基準価額の1～3％程度を支払います。同じ投資信託でも、販売会社によって金額は異なります。ネット証券では無料（ノーロード）のところも多くあります。

　運用中は、純資産総額に対して年0.5～2％程度の**信託報酬**を支払います。投資信託を保有している間ずっと必要になるため、最も注意したいコストです。長期で運用するほど重要度が増します。インデックス型よりもアクティブ型が高めなど、投資信託のタイプによっても金額が異なります（→104ページ）。

　運用を終了して換金する際は、信託財産留保額を支払う場合があります。こうしたコストの大小は運用結果に影響するため、投資信託購入時に必ずチェックします。

投資信託の手数料をチェック

購入時 ‥‥‥ **販売手数料**

投資信託を買うとき、販売会社に支払う手数料。
- 積立（→106ページ）の場合、購入のつど支払うことになる。

購入時の基準価額の1〜3%など。無料の場合もある。

運用中 ‥‥‥ **信託報酬**

投資信託を保有している間にかかる手数料（運用管理費用）。
- 日割りで毎日天引きされる。
- 長期投資では見逃せない金額となる。

純資産総額に対して年0.5〜2%など。

売却時
（換金時） ‥‥‥ **信託財産留保額**

投資信託を換金するときにかかる手数料。
- 運用期間終了による「償還」の場合はかからない。

売却時の基準価額の0〜0.5%など。

 その他にも必要なコストはありますか？

　間接的な負担ですが、決算で監査法人などに監査を受ける際、投資信託の資産から「監査報酬」が支払われます。株式や債券を売買する際に発生する「売買委託手数料」もあります。また、売却の際は税金にも注意しましょう（→46ページ）。

投資に対する考え方①

方針や目標を
はっきりさせる

投資を成功させるためには「何のために」
「いくら必要なのか」などを明確にすることが大切です。

投資信託の目的は「とにかくお金を増やしたいから」じゃダメですか？

う〜ん。それだと、売りどき買いどきをねらいすぎて損失を重ねたり、ハイリターンなら何でもいいという短絡的な発想にもなりかねません。
たとえば、マラソンはゴールがあるから、具体的なペース配分ができますよね。投資も同じです。

そうか。投資の目的や目標額を決めて、それに合った商品を選んだり、運用の方法を選んだりすることが大切なんですね。

▶「何のための投資か」をはっきりさせる

　自分に合った投資信託を選ぶためには、まず、投資の目的や目標額（いつまでにいくら必要か）を決めましょう。数年後の子どもの教育資金か、マイホームの購入資金か、老後の生活資金かなどによって、選ぶべき投資信託は変わってきます。
　比較的短期間のうちにそれなりの利益を上げたいなら、リスクはあっても株式など大きなリターンを期待できるものを選びます。できるだけ安全に時間をかけて増やしたい人は、積立（→106ページ）などを検討してみましょう。なお、投資に回せる金額は人によって違います。あくまで余裕資金を限度に考えます（→右ページ）。

投資のゴールをはっきりさせよう

投資の目的の例

マイホーム購入の資金を準備したい

子どもの教育資金を増やしたい

老後の備えを充実させたい

何年後に必要か（運用年数）	何年後に必要か（運用年数）	何年後に必要か（運用年数）
※5～15年後など　年後	※5～20年後など　年後	※10～30年後など　年後

いくら必要か（目標額）	いくら必要か（目標額）	いくら必要か（目標額）
円	円	円

どう投資すれば目標額を達成できるか考えよう（目標利回り→42ページ）

投資に使えるお金（スタート金額）の考え方

預貯金

― マイナス

万一に備えるお金
いざというときの生活に必要なお金。最低でも毎月の生活費×6か月。

― マイナス

使いみちの決まっているお金
子どもの進学費用、マイホーム購入費用など。

＝

投資に使えるお金（余裕資金）

投資に対する考え方②

「どれだけリスクを負えるか」をつかんでおく

自分はどの程度投資にお金を回せるか、
それにより、どんな投資方法が向くのか確認します。

投資では、必ず利益（リターン）を得られるわけではありません。どれくらいのマイナスまで受け入れられるかどうか、考えておくことが必要です。

うちはあんまりお金ないし、絶対に損したくないなあ。

そういう人は、できるだけ安全性の高い商品を選びましょう。自分のリスク許容度を把握したうえで、投資にいくら回せるか、どれくらいのリターンをめざすかなどを決めましょう。

▶年齢やライフステージによって変わる

　たくさん利益を得たいと思うのは当然ですが、リターンの大きな商品には大きなリスクもついてきます。どの程度のリスクを受け入れられるか（**リスク許容度**）を決めることで、選べる投資信託をしぼることができます。

　リスク許容度は、年齢、家族構成、年収や資産、投資経験など、さまざまな要因で変わります。たとえば、若い人は損をしても取り戻せる将来の時間が長いため、中高年の人よりリスク許容度は高いと考えられます。家族のいる人よりも独身、また年収や資産が多い人ほど、一般にリスク許容度は高いでしょう。

　自分のリスク許容度をはっきりさせることは、目標利回りなど投資方針の判断にとても役立ちます。

自分のリスク許容度を確認してみよう

あなたの年齢は
- ☐ A　20〜30代
- ☐ B　40〜50代
- ☐ C　60代〜

余裕資金
- ☐ A　投資したお金がなくなっても生活に困らない。
- ☐ B　投資したお金が多少なくなってもあきらめられる。
- ☐ C　生活に余裕がないためお金は失いたくない。

家族構成
- ☐ A　現在独身で、当面結婚する予定はない。
- ☐ B　結婚しているが子どもはいない。
- ☐ C　独立していない子どもがいる。または誕生予定。

投資経験
- ☐ A　株や投資信託への投資経験があり、十分な知識がある。
- ☐ B　投資経験はあるが、くわしいとはいえない。
- ☐ C　投資経験なし。

家計
- ☐ A　家計は黒字で年収以上の貯蓄がある。
- ☐ B　貯蓄はそれなりだが、家計は黒字。
- ☐ C　資産と負債がほとんど同じ。または負債のほうが多い。

ここから自分にぴったりの投資スタイルを考えるのね。

Aの数　×3点　＋　Bの数　×2点　＋　Cの数　×1点　＝　合計　　　点

合計点数
- 5点　→　リスク許容度・低「安定型」
- 6〜10点　→　リスク許容度・中「中間型」
- 11〜15点　→　リスク許容度・高「積極型」

それぞれどんな投資信託を選ぶかは42ページへ

レッスン1　投資信託のしくみと投資のキホン

投資に対する考え方③

分散投資で
リスクを減らせる

リスクを小さくするために有効な方法は
投資先を1つにせず分散することです。

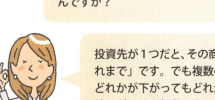

投資のリスク軽減には「分散投資」が有効です。投資先を1つにしぼるのではなく、同時にいくつかの商品に投資する方法です。

投資先を複数にすると、なぜリスクが小さくなるんですか？

投資先が1つだと、その商品が値下がりしたら「それまで」です。でも複数の商品に投資していると、どれかが下がってもどれかが値上がりしていれば、値下がり分を相殺できるメリットがあるんです。

▶弱点をカバーし合える組み合わせを選ぶ

　分散投資では、値動きの異なる複数の金融商品に投資することで、リスクの集中を避けて利益を安定させられます。

　株式、債券、不動産など、性格の異なる「資産の種類」への分散のほか、国内と海外、先進国と新興国、また円と米ドル、ユーロなど「地域・通貨」への分散もあります。商品同士の弱点をカバーできる組み合わせにすることが大切です。また、分散する対象が多いほど、リスクの軽減効果は高くなります。投資対象の組み合わせ方は、**資産配分**という投資の重要な考え方でもあります（→ 42 ページ）。さらに、投資の時期をずらすことでリスクを小さくする「時間」の分散もあります。

　投資信託は少額から購入できるため、手軽に分散投資をはかることができます。

代表的な3つの分散投資

1 資産の種類の分散

値動きの異なる金融商品や銘柄に投資する。
- 株式と債券、不動産など。

異なる値動きをするものを組み合わせるのがコツです。

2 地域・通貨の分散

国内だけでなく、さまざまな国や通貨に投資する。
- 国内株式と外国株式、国内債券と外国債券など。
- 先進国と新興国など。

3 時間の分散

一度に大きなお金を投資せず、何度かに時期をずらして投資する（→44ページ）。

分散投資のイメージ（カゴに乗せた卵）

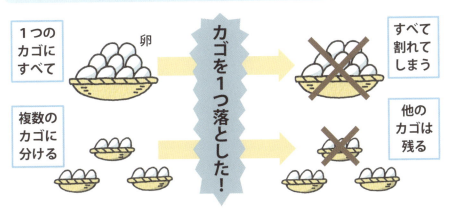

集中講義
資産配分が成功の決め手

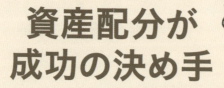

投資のスタートやゴールを決めたら、
それを達成するための分散投資を検討してみましょう。

▶どんな運用をすれば目標額を手にできる？

<mark>「いつまでにいくら必要か」という目標が明確になると、どれくらいの年平均利回り（元金に対する収益の割合）なら目標を達成できるかという**目標利回り**を計算できます</mark>（下図）。算出した目標利回りを得るのが、自分のリスク許容度に対してリスクが大きすぎる場合は、現実的な目標利回りとなるよう、目標などを修正していきます。

<mark>次に、目標利回りを得るための**資産配分**を考えます</mark>。資産配分とは、どの投資信託を選びどのくらい買うかということです。たとえば、投資資金を「国内株式50％、外国債券30％、不動産20％」というように配分します。資産配分は**ポートフォリオ**ともいい、投資を成功させるための重要なポイントです。

<mark>国内株式、国内債券、外国株式、外国債券を投資の**4大資産**</mark>といい、それぞれに何％ずつ配分するかが資産配分の基本です（→右ページ）。

目標額の達成に必要な利回りを計算する

※単利による概算。

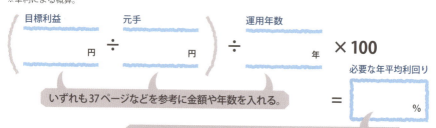

いずれも37ページなどを参考に金額や年数を入れる。

この利回りが難しければ、目標額などを再検討してみる。

例 目標額150万円（目標利益50万円）、スタート金額（元手）100万円、運用年数20年。
（50万円÷100万円）÷20年×100＝2.5　**年平均利回り2.5％で達成できる。**

注・複利による計算は、金融庁のホームページなどでシミュレーションができる。

目標利回り別・資産配分の例

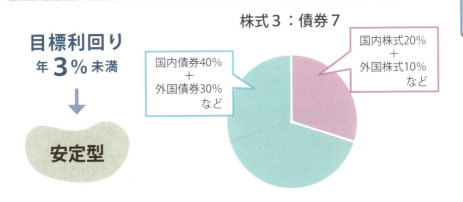

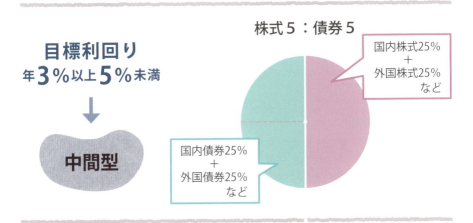

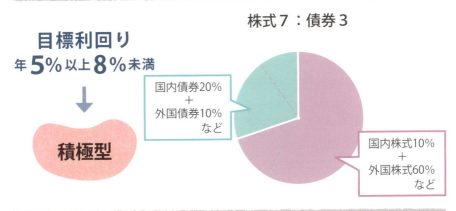

投資に対する考え方④

長く持ち続けるほど運用は安定する

投資にとって時間は大きな味方です。
長く続けるほどリスクは小さくなる傾向があります。

投資のリスクを抑えるには、長期投資を考えましょう。運用期間が長いほど、値動きのリスクは小さくなっていくことが知られています。

長く続けるのはたいへんではないですか？

むしろ短期の投資は、日々の値動きのチェックや売りどきの見きわめなどに手間や時間をとられ、初心者には難しいでしょう。長期投資は、あせらずじっくり投資に取り組めるのでおすすめです。

▶複利効果を味方につける

　投資は、長期的に運用するほうが望ましいとされます。長期にわたって金融商品を持ち続けることで値動きがならされて、短期投資よりも利益が安定しやすくなります。投資信託は基本的に安定した運用を目的としており、長期投資に向いた金融商品です。

　長期投資では複利効果も期待できます。複利とは、その年に得た利息（利益）を元本に加えた上で、次の年にそれを新たな元本として運用することです。

　たとえば、100万円を年利回り1％で運用した場合、1年後の利益は1万円です。この利益を受け取らずに翌年101万円を運用すれば、同じ利回りで利益は1万100円に増えます。複利効果は、投資期間が長くなるほど大きくなります。

長期投資・3つのメリット

1 複利効果が高くなる
利息や再投資された分配金を元本に加算することで、時間とともに元本は増え、それに対する利益も多くなっていく。

2 運用のリスクが小さくなりやすい
長く金融商品を保有していると、時間とともに値動きの幅が小さくなりやすい。そのため安定した運用が期待できる。

3 コスト負担が軽くなる
長く保有するほど、販売手数料がかかる回数は少なくすみ、負担がならされコスト全体の負担も軽くなる。売買の手間や時間の節約にもなる。

複利効果をチェック

100万円を年利回り3％で運用した場合の計算例。

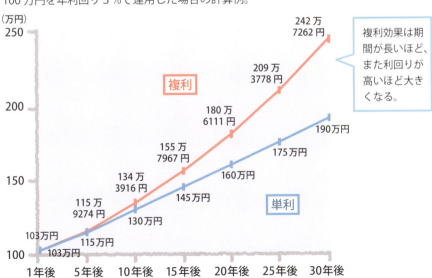

複利効果は期間が長いほど、また利回りが高いほど大きくなる。

レッスン1 投資信託のしくみと投資のキホン

集 中 講 義

利益や分配金には約20%の税金がかかる

投資信託の税金は受け取った利益にかかります。

▶税金もコストの1つとしてしっかり把握する

　投資信託の売却益や分配金には税金がかかります。税率は20%（これに復興特別所得税が加わり20.315%）です。この税金もコストとして見逃せません。原則として、年に一度確定申告により納めます（→149ページ）。

　口座開設時に源泉徴収のある特定口座（→56ページ）を選んでいれば、販売会社が分配金や売却益の受け取り時に税金を天引きするため、申告は不要です。NISA口座（→58ページ）なら、年120万円までの利益が非課税です。

　また、複数の金融商品を保有していて、利益が出たものと損失が出たものがある場合、その損益を合わせることができます（損益通算）。計算結果がマイナスなら税金は発生しません。マイナス分が大きければ、申告により翌年の利益と相殺できる「繰越控除」という制度もあります*。

*金融商品や口座の種類により、損益通算や繰越控除ができない場合もある。

投資信託にかかる税金

売却益（売却額－購入額） × **20.315%**（所得税15%＋住民税5%＋復興特別所得税）
※解約、買取、償還すべて共通

分配金 × **20.315%**（所得税15%＋住民税5%＋復興特別所得税）

例 100万円で購入した投資信託を120万円で売却した。
　120万円－100万円＝20万円（売却益）
　20万円×税率20.315%＝　納める税金は**4万630円**

確定申告の要不要をチェック

```
[分配金を受け取った]          [売却益を受け取った]                    [売却で損が出た]
      │            ┌──────────────┼──────────────┐              │
      │       (特定口座        (NISA         (特定口座           │
      │        源泉あり)       口座)         源泉なし            │
      │                                    一般口座)            │
      ↓            ↓            ↓            ↓                ↓
    不要          不要          不要          必要           他の投資の利
 (受け取り時   (受け取り時      (非課税)    (利益が20        益と損益通算
  に源泉徴収)※  に源泉徴収)                 万円以下なら      や繰越控除を
                                            原則不要)        するには必要
```

※ NISA口座利用なら非課税。
注・いずれも他の投資で損が出た場合には、申告により損益通算ができる。

損益通算ができる相手
上場株式、債券、ETF、REIT など（売却益や配当）。

ただし、他の理由で確定申告をする場合は、いずれも申告が必要です。

税金のかからない分配金があると聞きましたが？

分配金には通常20.315%の税金がかかります（普通分配金）。しかし、31ページで解説した特別分配金は非課税です。特別分配金は元本の払い戻しであり、利益とはみなされないためです。分配金の中身には注意しましょう。

レッスン1 おさらいテスト

このレッスンで学んだ大切なポイントを、テスト形式で答えてみましょう。

1 投資信託の運営は、一般に ア 、 イ 、 ウ の3つの会社が行う。通常、投資家が直接やりとりするのは ア 。

2 投資信託でリスクを抑えるには、異なる値動きをする複数の商品に投資する エ が重要。 エ では、どの商品にどれくらいずつ投資するかという オ をよく検討する。

3 投資信託の値段である カ は、 キ に一度変わる。多くの場合 ク 当たりの金額が表示される。

4 リスクには、購入したときから価格が上下する ケ リスク、海外の商品なら コ リスクなど、さまざまなものがある。期待できるリターンが サ ほど、そのリスクも シ なる。

5 「どれだけリスクを負えるか」を示す ス は、 セ （複数回答）などにより異なる。自分自身のリスク許容度を知ることが必要。

解答

ア 販売会社　イ 運用会社　ウ 受託銀行　エ 分散投資　オ 資産配分
カ 基準価額　キ 1日　ク 1口または1万口　ケ 価格変動
コ 為替変動　サ 大きい（小さい）　シ 大きく（小さく）　ス リスク許容度
セ 年齢、家族構成、家計（資産や収入）、投資経験

レッスン 2

どこで買える？どうやって買う？

投資信託を始めるときの手続き

実際に投資信託を購入する際の、
手続きや流れを確認しましょう。
商品選択の必須アイテム「目論見書」も解説します。

スーパーの買い物で投資信託の手続きを学ぶ

投資信託実践の手順

口座開設は原則無料。
手続きもカンタン！

投資信託の口座をつくって
実際に投資信託を始めてみましょう。

投資が初めての人は、まず証券会社や銀行で取引用の口座をつくることからスタートです。口座をつくるだけなら原則無料、手続きは簡単です。

無料ですか。さっそくつくります！

あわてないで。口座をつくる金融機関選びは、投資信託成功のとても大切なポイントです。しっかり調べて選びましょう。

▶自分に合ったところをしっかり選ぶ

　投資信託は証券会社や銀行の窓口のほか、ネット証券などインターネットでも購入できます。金融機関によって、取り扱っている投資信託の種類や数には大きな違いがあります。そのため、口座をつくる金融機関選びが大きなポイントになります。
　初めて投資信託を購入する場合の手続きとして、まずは投資信託を取引する取引口座（証券口座）の開設が必要です。 預金口座のある銀行でも新たに口座をつくります。
　取引口座をつくったら、いよいよ投資信託を選んで購入（入金）、運用開始です。換金（解約など）は原則として自由にできます。目標額に達したとき、運用が想定外に思わしくない場合など、事前に換金のタイミングなどを考えておきましょう。

投資信託はこのように運営される

1 販売会社を選ぶ
- 銀行、証券会社、ネット証券など。
- 買いたい投資信託が決まっている場合は、扱っている販売会社の手数料などをくらべてみる。

54ページ

2 取引口座をつくる
- 販売会社を決めて口座開設を申し込む。
- 新規の口座開設には1〜2週間程度かかる(金融機関により異なる)。
- 口座に入金する。
- 複数の販売会社に申し込むこともできる。

56ページ

思ったより難しくなさそう。

運用中は定期的に運用状況をチェック
- 運用報告書などはしっかり目を通す。
- 定期的に資産配分を見直す(→116ページ)。

3 投資信託を選ぶ・買う
- どの投資信託を買うか検討する。
- 投資信託により、購入できる最低口数や金額は異なる。
- 購入前には、目論見書(投資信託説明書)を確認する。
- 購入を申し込み、代金を支払う。
- 購入後、「分配型あり」のタイプなら定期的に分配金を受け取る。

60ページ

4 投資信託を売る
- 売却や解約で換金する。
- 購入時より値上がりしていれば売却益を得られる。

64ページ

いろいろ悩むより、証券会社に足を運んで相談したり、インターネットで口座をつくってみるなど、行動第一です。

レッスン2 投資信託を始めるときの手続き

取引のステップ①

販売会社を選ぶ

自分の希望をはっきりさせて
それに合った金融機関を選びましょう。

まず取引をする証券会社など(販売会社などの金融機関)を選ぶことからスタートです。どこでも同じというわけではないんですよ。

選ぶポイントは何ですか?

その金融機関で、どんな投資信託を買えるのか調べましょう。品ぞろえがかなり違うんです。手数料も違うので選択の大きなポイントになります。

▶品ぞろえや手数料はまちまち

　投資信託は、販売会社(→26ページ)などで購入できます。証券会社をはじめ、銀行やゆうちょ銀行などさまざまな金融機関が扱っていますが、金融機関によって購入できる投資信託の種類や数は大きく異なります。初心者は、できるだけ商品の選択肢が多いところがよいでしょう。

　直接窓口に出向いて購入する場合、口座開設の手続きや商品選びを相談しながら進められます(担当者のおすすめなどをうのみにするのは危険)。

　インターネット上ですべてのやりとりをするネット証券もあります。口座開設手続きや商品選びを自分で行いますが、その分一般に手数料は低く抑えられます。

　その他、運用会社(→26ページ)が直接販売する投資信託もあります(直販投信)。

販売会社の長所と短所をくらべてみよう

	サービス内容	販売手数料	商品の数
銀行・ゆうちょ銀行・保険会社	◯ 支店が多く身近。直接商品選びの相談などができる。	△ 高め。	△ 主に系列の証券会社の商品となる。
証券会社（店舗）	◯ 直接会って相談などができる。投資に対する知識や経験が豊富。	△ 高め。	◯ 商品の種類や数が多く、選択の幅が広い。
ネット証券	△ 商品選びや手続きは自分で行う。パソコンやスマホから投資情報をいつでも見られるのはメリット。	◯ 安め。ノーロード（無料）の場合も多い。	◯ 商品の種類や数が多い。さまざまな条件で商品候補などを検索できる。
運用会社の直販（直販投信）	△ ネット販売なので、商品選びや手続きは自分で行う。運用に関する情報は頻繁に得られる。	◯ 販売会社を通さないため安め。	△ 商品の数は限られる。

レッスン2 投資信託を始めるときの手続き

初心者によいのはどれでしょうか。

最初は証券会社に行って相談してもよいでしょう。ネット証券なら、自分のペースで手軽に始められますよ。

取引のステップ②

取引口座をつくる

投資信託を始めるには、投資用の取引口座を
金融機関でつくる必要があります。

取引口座をつくりたいのですが、「特定口座」「一般口座」って何ですか？

特定口座は、証券会社などが投資の利益や損失を計算してまとめてくれる、手間いらずの口座です。一般口座は、口座のお金の出入りを全部自分で管理します。

それから、投資の利益に税金がかからない「NISA口座」もあります。注目です！

▶特定口座 & NISA口座を検討しよう

　特定口座では、金融機関が1年間の取引をまとめた**年間取引報告書**を作成・交付してくれます。さらに「源泉あり」というタイプなら、金融機関が投資家に代わって税金を天引きして納税してくれるので確定申告の必要がありません。特定口座は、1つの金融機関で1つつくることができます。**一般口座**では損益の計算から確定申告、納税まですべて自分で行います。初心者にはハードルが高いでしょう。

　また、**NISA口座**という投資家優遇の口座なら、一定額までの投資の利益に対して税金がかかりません（→58ページ）。

　取引口座は窓口に出向いてつくることもできますが、インターネット申し込みなら自宅で好きなときに手続きができます。

取引口座には3つの種類がある

一般口座
取引の損益計算を自分で行う。確定申告が必要。

特定口座
取引の損益計算を金融機関がしてくれる。「源泉あり」なら確定申告は不要。「源泉なし」なら確定申告が必要。

NISA口座
年120万円までの取引が非課税になる。確定申告は不要。ただし、1人1口座しかつくれない（→58ページ）。

NISA口座を開設するには、その証券会社に一般口座か特定口座を持っている必要があります。

レッスン2　投資信託を始めるときの手続き

インターネットによる口座開設の基本手順

※金融機関により異なる場合あり。

口座開設を申し込む
- 金融機関のホームページから必要事項を送信する。

必要書類が送られてくる
- 必要事項を記入の上、マイナンバーや本人確認書類とともに返送する。

口座開設の通知書が送られてくる
- ID、パスワードなどを受け取る。
- 口座の初期設定や登録を行う。

開設完了

もっと知りたい！
KEY WORD

マイナンバーカード

マイナンバー制度とは、国民すべてに番号を割りふって（個人番号＝マイナンバー）、税金や社会保険などの手続きを簡素化するための制度です。本人の申請で「マイナンバーカード」が交付されています。取引口座開設手続きの本人確認は、マイナンバーカードがあれば、その提示かコピーの提出ですみます。

集中講義

NISA口座なら税金が有利になる

投資で節税できる見逃せない制度です。

▶5年間投資を非課税で行うことができる

　NISA（少額投資非課税制度）は投資家のための税金優遇制度です。株式や投資信託を運用して出た利益や配当、分配金には年20.315％の税金がかかりますが、NISA口座で運用すると、毎年120万円までの投資が5年間非課税となります。つまり、最大600万円までを非課税で運用できます。また5年の非課税期間が終了しても、そのまま翌年の非課税投資枠に移すことが可能です*（ロールオーバー）。

　NISA口座をつくれるのは2023年までです（2023年に口座をつくれば、その後5年間運用できる）。ただし、1人につき1口座と決められており、複数の証券会社などで同時に開設することはできません。

　NISAには、初心者に使いやすいつみたてNISA（→108ページ）、未成年者向けのジュニアNISAもあります。

＊2018年までの開設分。

NISAのメリットとは

通常の口座
投資信託／他の金融商品
→ 利益には **20.315％の課税**

NISA口座
投資信託／他の金融商品
→ 1年につき120万円までの投資は **利益が非課税**（5年間限定）

注意ポイントをチェックしておこう

- ☐ 金融機関により、NISAを利用できる金融商品の数や手数料は異なる。

- ☐ 公社債投資信託（→76ページ）はNISA口座を使えない。

- ☐ 他の口座との損益通算や繰越控除（→46ページ）はできない。

- ☐ 年の途中で売却した場合、その金額分の枠は再利用できない。

- ☐ 今年の非課税枠が残っていても、翌年に持ち越しはできない。

- ☐ 金融機関の変更はできるが年に1回まで。

- ☐ つみたてNISAとの併用はできない。

レッスン2　投資信託を始めるときの手続き

ジュニアNISA

　ジュニアNISAは20歳未満の人を対象にしたNISAです。年間80万円までの投資による利益が、最長5年間非課税になります。ただし、本人が18歳になるまでは原則として払い出しができません。親や祖父母が、子や孫名義の口座で教育資金として運用するといった使い方ができます。

取引のステップ③

投資信託を選ぶ&買う

いよいよ投資信託を買ってみましょう。
買い方には2つの方法があります。

投資信託選びのポイントを教えてください。

まず、それぞれの投資信託の中身や運用のしかたなどを、しっかりくらべることが大切です。投資の目標を決めたり、投資の基本知識を持つことが必要ですね。「販売会社の言う通り」はNGです。

いろいろ調べて勉強しないといけませんね。

▶「買い方」にも選択肢がある

　投資信託を選ぶ際は、まず種類やタイプからしぼり込みます。「何に投資しているか（株式、債券など）」、「どこに投資しているか（国内、海外など）」、「どのように運用しているか（インデックス型か、アクティブ型か）」といったポイントがあります（くわしくはレッスン3で解説）。

　次に、個々の商品の運用実績などを比較検討していきます。投資信託の詳細は目論見書（→62ページ）などで確認できます。

　購入方法には、購入する「口数（投資信託の購入単位）」を指定する方法と、購入する「金額」を指定する方法があります。口数指定の場合、申し込み後の基準価額により金額が確定します。

投資信託購入の手順

投資信託を選ぼう

- 投資の目的や目標利回りから資産配分を考えて（→レッスン1）、該当する投資信託を探す。

  投資の対象、投資の方法、購入可能金額、過去の値動き、資金の大きさ（純資産総額）、分配金の内容、手数料などを確認・比較（→レッスン3、レッスン4）。

投資信託を買おう

- 金融機関のサイトにIDとパスワードを入力してログイン。
- 購入する投資信託を決定する（買い付け）。
  目論見書を確認する。
- 注文画面で購入方法などを入力。
  口数または金額の指定、分配金の受取方法など。

購入完了

- 後日、取引報告書が送られてくる。

購入は2つの方法から選ぶ

「金額」で購入する（金額指定）

▶ 投資額を把握しやすい（基準価額に影響されないため）。

計算例 10万円分購入。

基準価額8000円（1万口）の場合。

8000円÷1万口＝1口当たり0.8円
10万円÷0.8円＝12万5000口
購入口数は12万5000口

> **積立購入という方法もある**
> 一定期間ごとに、一定の金額を継続して購入する方法。価格変動リスクに強い（投信積立→106ページ）。

「口数」で購入する（口数指定）

▶ 口数が基準の分配金や値上がり益の計算が簡単。

計算例 10万口購入。

基準価額8000円（1万口）の場合。

8000円÷1万口＝1口当たり0.8円
10万口×0.8円＝8万円
購入金額は8万円

口数指定では、通常1万口からの購入となる。

注・いずれもこれに販売手数料がかかる。また、金融機関や商品によりどちらか決まっている場合がある。

集中講義

目論見書って何だろう？

投資信託購入前には必ず目を通す、大切な書類です。

▶交付は義務づけられている

目論見書は、投資判断に必要なその投資信託の重要事項をまとめた文書です。投資信託の販売時には、投資家に渡すことが義務づけられています（**交付目論見書**）。

目論見書には、その投資信託が「どんな対象にどのように投資しているか」「どんなリスクがあるか」「どんなコスト（手数料など）がかかるか」といった基本ポイントが明記されています。

投資信託の比較検討では、特に基準価額や純資産総額の推移、分配金の推移、年間収益率の推移などが記載されている**「運用実績」**が重要です。購入前には、必ずしっかり目を通しましょう。

この交付目論見書の他に「請求目論見書」もあります。これは投資家からの請求により交付される、より詳細な内容の目論見書です。

購入前に交付される交付目論見書

10ページ程度の小冊子（オンライン上ならPDFファイルなど）。

巻頭には、投資信託の名称や、商品の基本分類表、委託会社の情報などが記載されている。

目論見書を読んで、おおよそ内容を理解できるようになれば知識は問題なし！

交付目論見書の4つの内容構成

1 ファンドの目的・特色

ファンドの目的
- その投資信託がどんな資産に投資して、どのように運用するか、一文程度で簡潔にまとめられている。

ファンドの特色
- 投資する地域、運用の種類やタイプ、分配方針などが記載されている。
- どこにどんな投資を行っているかなど、投資信託の特徴を知ることができる。

2 投資リスク

- その投資信託にどんなタイプのリスクがあるか。そのリスクにどう対応しているのか、記載されている。

> 目論見書の流れは、だいたいみんな同じなんだって。

3 運用実績

- これまでの運用実績や資産の状況が、表やグラフを使って記載されている。
- 基準価額と純資産総額の推移、分配金の推移、組み入れられている主な資産の状況、年間収益率など。

> むむ、これは重要だ。しっかり読まないと。

4 手続き・手数料

- 買付や解約の手続きのポイント、費用、税金などのコストが記載されている。
- 販売手数料、信託報酬、信託財産留保額などを必ず確認。

目論見書のチェックポイントは100ページへ

レッスン2 投資信託を始めるときの手続き

取引のステップ④

投資信託を売る

基本的に長期保有を心がけますが、
必要なら好きなタイミングで換金できます。

投資信託はいつ売ればいいのでしょうか？

投資信託を売却などで換金するのは、基本的に投資目標を達成したときです。でも、値下がりが続いたり、資産配分のバランスが崩れてきたときは換金するのもやむを得ません。事前に換金の判断基準を決めておきましょう。

自分のルールを、先に決めておくんですね！

▶換金時の手数料は購入前にチェック

投資信託は、原則いつでも換金（売却や解約）できます*。ただし、投資信託は基本的に長期運用をめざすものなので、日々の値動きに振り回されずじっくり運用するのが基本です（換金のタイミングについては118ページ）。

　換金は、購入した金融機関の窓口やホームページから申し込みます（買取請求と解約請求がある）。一部だけの解約もできます。換金で受け取る金額は、申し込み後（当日や翌日以降）の基準価額で決まり、その利益には20.315％の税金がかかります。なお、受け取り（振り込み）には数日かかります。

　解約するときにかかる手数料として、**信託財産留保額**があります。信託財産留保額の有無や金額は投資信託によって異なるため、購入時にチェックしましょう。

*一定期間解約できない「クローズド期間」が設けられた投資信託もある。

換金(売却や解約)の手順

売却や解約を申し込む
(→約定日)

- 販売会社の窓口のほか、オンライン上で手続きができる。
- 売却する口数などを指定する。
- 換金申し込みの受付は、通常その日の15時まで(15時以降は翌日の受付となる)。

代金を受け取る
(→受渡日)

- 約定日から3日後以降となる(休日なら次の平日)。
- 数日後に取引報告書が送られてくる。

換金時の注意ポイント

■ クローズド期間(→154ページ)には換金できない。

■ 申し込みから代金受け取りまで、3日〜1週間程度かかる。

■ 信託財産留保額などの手数料がかかる場合がある。

■ 申し込み時には正確な金額はわからない
（申し込み後の基準価額で決まるため）。

■ すべて売却か一部を売却かなど、必要や状況に応じて使い分けること。

「売りどきも考えないと。」

買取請求と解約請求

　買取請求は、販売会社(証券会社など)に自分の持っている投資信託を買い取ってもらう方法です。解約請求は、販売会社を通して、運用会社に信託財産の一部を換金してもらう方法です。解約請求が一般的ですが、金額的な損得はありません。また、税制上の取り扱いも同じです。

レッスン2 おさらいテスト

このレッスンで学んだ大切なポイントを、テスト形式で答えてみましょう。

1. 投資信託を購入するときは、投資信託を扱う金融機関のホームページなどで、`ア`や`イ`、`ウ`を確認する。

2. 投資信託の商品の概要は`エ`に記載されている。`エ`には、`オ`、`カ`、`キ`、`ク`などが記載されている。

3. 投資信託の利益には`ケ`と`コ`があり、いずれも`サ`％の税金がかかる。`シ`やイデコ（iDeCo）なら非課税となる。

4. 投資信託購入の手続きでは、`ス`を決めて`セ`をつくった上で、商品を選ぶことになる。

5. 投資信託の手数料には`ソ`、`タ`、信託財産留保額などがあり、`チ`として、投資信託選びの欠かせないポイントとなる。

解答

ア サービス内容　イ 販売手数料　ウ ファンドの目的・特色　エ 目論見書　オ 商品の概要　カ 投資リスク　キ 運用実績　ク 手数料・手数料等　ケ 分配金　コ 売却益　サ 20.315　シ NISA　ス 販売会社等　セ 取引口座　ソ 販売手数料　タ 信託報酬　チ コスト

レッスン 3

> 初心者向けから大きく
> もうけたい人向けまで多彩
>
> # 投資信託の種類とタイプ

まずどんな投資信託があるのか、その種類やタイプについて知識を持ちましょう。リターンとリスク、コストなどがポイントです。

投資信託、わかれば選べる

投資信託の種類とタイプ

目標や好みに合ったものを選べる

投資信託にはさまざまな種類やタイプがあります。
それを知ることで、投資信託選びの方向性が見えてきます。

インターネットでいろいろ見ていたんですが、投資信託の数が多すぎて選べません！

投資信託にはいろんな種類やタイプがありますから、それぞれの特徴を知ってしぼり込んでみましょう。数や種類が多い分、きっとあなたの希望に合ったものもあるはずですよ。

自分の欲しいものがわからないと選べませんね。まず、投資信託の種類やタイプを勉強してみます。

▶「投資信託の違いを知る」ことが必要

　投資信託は、いくつかのポイントにより分類できます。まず、「いつ買えるか（購入のタイミング）」です。購入期間が限定される**単位型**と、いつでも買える**追加型**があります。次に「どこに投資しているか」「何に投資しているか」です。投資先が国内なのか海外（どこの国）なのか、投資するのは株式か債券か、あるいは不動産やコモディティ（商品）かなどです。
「どのように運用しているか」では、株価指数などに連動させる**インデックス型**、積極的に利益をめざす**アクティブ型**の2つがあります。
　これら以外にも、分配金があるタイプ、ないタイプといった区別もあります。こうした種類ごとの違いを理解することが、投資信託選びの第一歩となります。

投資信託の種類やタイプは明示されている

A いつ買えるか（購入のタイミング）

単位型 最初に決められた期間しか購入できない。
（→72ページ）

追加型 投資信託の運用期間中、いつでも購入できる。
（→72ページ）

D どのように運用しているか（投資方針）

インデックス型 （→80ページ）
市場の株価指数に連動するよう運用する。

アクティブ型 （→82ページ）
ファンドマネージャーの判断や方針で運用する。

B どこに投資しているか（投資地域）

国内 日本国内の株式や債券に投資する。

海外 日本以外の株式や債券に投資する。先進国、新興国という区別もある。
（→78ページ）

内外 日本および海外の株式や債券に投資する。

投資信託の種類とタイプ・目論見書などの表記例

追加型投信／国内／株式／インデックス型
　　　　A　　　　B　　　C　　　　D

C 何に投資しているか（投資対象）

株式型 主に株式に投資する。（→74ページ）

債券型 債券に投資する。（→76ページ）

REIT 不動産に投資する。（→86ページ）

コモディティ 原油や金、農産物などの商品に投資する。

バランス型 （→88ページ）
いくつかの対象に分散投資する。

注・株式に投資できる投資信託を「株式投資信託」、債券に特化し株式には投資しない投資信託を「公社債投資信託」とする分類もある。

> 通常、目論見書の表紙に明記されています。

その他、分配金があるかどうかなど

分配型 分配金がある。分配金を受け取らず投資に回す「再投資型」もある。

無分配型 分配金がない。収益は投資信託の資産に留保される。

レッスン3　投資信託の種類とタイプ

単位型と追加型

追加型なら いつでも買える

投資信託には、運用中自由に売買できるタイプと、
購入できる時期が限定されるタイプがあります。

投資信託はいつでも買えますか？

投資信託を運用する信託期間中、「追加型」ならいつでも好きなときに何度でも売買できます。追加型以外に、特定の募集期間に購入するタイプ（単位型）もあります。主流は追加型です。

なるほど。自由度が高そうな追加型がいいかな…

▶投資の目的に合わせてどちらかを選ぶ

　投資信託には「いつ買えるか」によって、最初の募集期間中でしか買えない**単位型**（ユニット型）と、買いたいときにいつでも買える**追加型**（オープン型）の2つがあります。どちらなのかは目論見書に明記されています。
　投資期間を決めて、運用を完全にプロにまかせたい人は単位型がよいでしょう。自分で考えながら投資したいという人は追加型を選びます。単位型には、同じ投資方針のものを定期的に募集する**定時定型**（シリーズ商品）というタイプもあります。
　いずれも売却・解約は原則自由にできますが、投資開始からの一定期間解約できない「クローズド期間」が設けられている場合があります。また、投資信託の運用が終了する日を**償還日**といい、早まったり、延長されたりすることがあります。

単位型と追加型の違い

単位型（ユニット型）
売買や解約できる期間があらかじめ決められている（運用前に購入する）。

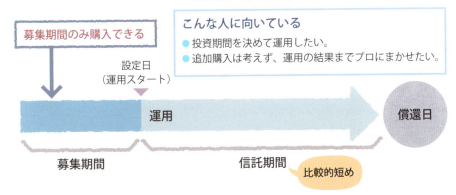

こんな人に向いている
- 投資期間を決めて運用したい。
- 追加購入は考えず、運用の結果までプロにまかせたい。

追加型（オープン型）
運用中はいつでも購入や売却、解約ができる。

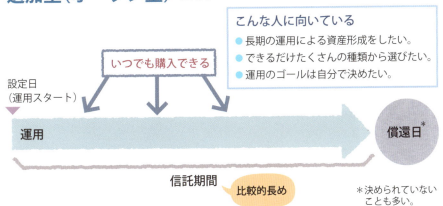

こんな人に向いている
- 長期の運用による資産形成をしたい。
- できるだけたくさんの種類から選びたい。
- 運用のゴールは自分で決めたい。

＊決められていないことも多い。

繰上償還・償還延長

運用成績が著しく悪化したり、逆に好調で予定より早く運用目標に達した場合には、当初設定された償還日が前倒しされることがあります。これを「繰上償還」といいます。

また、運用状況により、運用会社の判断で償還日を先延ばしすることもあり、これを「償還延長」といいます。

レッスン3　投資信託の種類とタイプ

投資対象① 株式型

株式に投資して大きな値上がり益をねらう

それなりのリターンをめざすためには「株式型」に投資します。
上手にリスクを軽減する方法を考えましょう。

投資信託の株式型では、集めたお金を複数の株式に投資して運用します。その中身は、国内株式から外国株式までさまざまです。

株で大損したなんていう話も聞きますが、怖くないですか？

債券型（→ 76 ページ）よりハイリスク・ハイリターンなのは確かです。でも、投資信託なら少額から分散投資ができますし、そんなに怖がることはありませんよ。

▶上手に活用して大きなリターンをめざす

　投資信託のうち、運用対象に株式を組み入れたものを**株式型**＊といいます。株式市場の状況により、大きなリターンをねらえます。株式の比率が大きいほどハイリスク・ハイリターンです。ただし、インデックス型や投信積立（→ 106 ページ）、分散投資などで、リスクを抑える方法もたくさんあります。

　国内株式、外国株式など、種類やタイプが多いため、商品選択の幅が広がることも大きなメリットです。

　通常の株式投資では、通常まとまった金額が必要で、銘柄の選択や分析に手間がかかりますが、投資信託なら少額で始められ、銘柄選びなどは運用会社にまかせられるため、手軽に株式投資にチャレンジできます。

＊分類上は、約款で「株式に投資できる」投資信託はすべて「株式投資信託」となる。
　たとえば全体の 99％が債券、1％が株式でも株式投資信託。

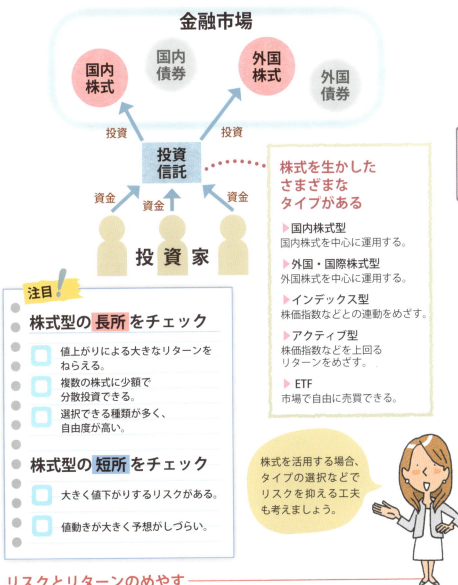

投資対象② 債券型

債券に投資して安定した利益を得る

債券は利率や償還期限が確定しているため、安全性の高い投資です。
ただし、大きな利益は望めません。

債券型の投資信託なら、比較的安全に投資できると聞きましたが…

その通りです。ただし、リスクがとても小さい代わりに、大きなリターンも期待できません。長期にコツコツ増やしたいという人向きですね。債券型を中心に、少しだけ株式型にチャレンジするということも考えてみてはどうでしょう。

なるほど。株式型と債券型の組み合わせでリスクとリターンを調整するんですね。

▶安全性は高いがリターンは小さい

　債券型の投資信託は、国債や地方債、企業の社債など、債券により運用するものです。株式をいっさい組み入れず、公社債のみで運用するタイプを**公社債投資信託**といいます。国内の債券だけでなく海外の債券で運用するものもあります。
　債券型は価格変動リスクが小さく、利益も予想しやすいため、安定した長期運用が期待できます。ただし、リターンは大きくありません。外国債券、特に新興国の債券には利回りの高いものもありますが、為替変動リスクがあります。
　一般に、株価は好景気に上がり、不景気になると下がります。逆に債券価格は好景気に下がり、不景気に上がります。そのため、株式と債券の組み合わせは分散投資の基本となります。

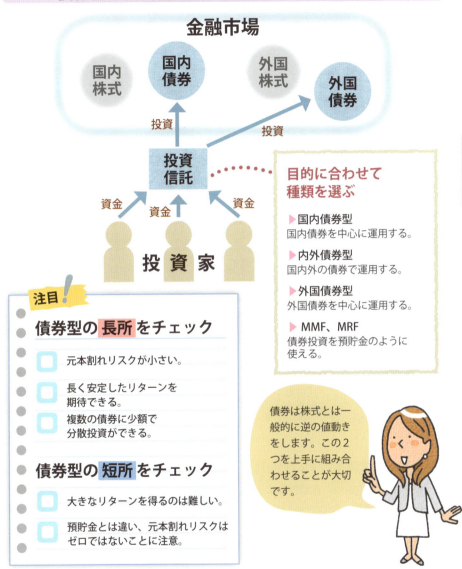

海外投資

海外への投資で より広く分散投資を

国内ばかりでなく海外の商品を組み入れることで、もっと効果的な分散投資ができます。

海外への投資って、ちょっと怖い気がしますが、どうなんでしょうか。

そうですね…、でも海外の株式や債券に目を向ければ、大きなリターンが期待できますよ。為替の変動もあるのでリスクは高くなりますから、資産配分の工夫などが欠かせません。

アメリカやヨーロッパ、アジアやアフリカなど、海外もいろいろですしね…。チャレンジしてみます。

▶国際分散投資で投資の幅を広げられる

　海外の株式や債券に投資することで、分散投資の効果を高められます（**国際分散投資**）。商品選択の幅も大きく広がることになります。

　国内に加え、アメリカやヨーロッパの先進国、アジアなどの新興国にバランスよく投資すれば、日本の経済が悪化しても、経済が良好な他の国で得た利益で補えるかもしれません。外国債券は利回りのよさも魅力です。新興国の株式や債券なら、大きな値上がりの可能性もあります。

　海外投資の注意ポイントは為替の影響です（為替差益、為替差損の発生）。為替を考えると、海外投資は円高のときに買って、円安のときに売るのが基本です（→114ページ）。

世界の国や地域の株式や債券に投資する

外国株式の種類

▶ **先進国株式**
アメリカやEU諸国などの株式。比較的安定した投資先。

▶ **新興国株式**
アジア、ロシア、中南米諸国などの株式。大きなリターンを期待できるがハイリスク。

外国債券の種類

▶ **先進国債券**
（ソブリン債など）
信用力の高い国や政府機関の債券。安全性が高い。

▶ **新興国債券**
（エマージング債など）
アジアなど成長が見込まれる国の債券。高めのリターンが期待できる。

▶ **ハイ・イールド債**
信用力の低い国の債券。ハイリスク・ハイリターン。

注目！

海外投資の 長所 をチェック

- ☐ 分散投資効果がある（日本とは経済情勢や金利の動きが異なるため）。
- ☐ 投資の選択肢が増える。
- ☐ 為替の変動による利益もねらえる。

海外投資の 短所 をチェック

- ☐ 為替の変動によっても損失が出る可能性がある。
- ☐ 国内のものとくらべて情報収集が難しい。

リスクとリターンのめやす

	低め				リスクとリターン					高め
外国債券										
外国株式										

レッスン3　投資信託の種類とタイプ

投資方針① インデックス型

初心者にもわかりやすい「指数」に合わせた運用

投資信託は投資の方針によっても分けられます。
安定した投資をめざすのがインデックス型です。

インデックス型の投資信託ってどんなものですか？

「インデックス」は株式の指標（指数）のことです。このインデックスに連動するように運用するのがインデックス型の投資信託です。バランスよく分散投資ができ、値動きがわかりやすいので、初心者に向きます。

なるほど。それならチェックもしやすいし、安心して運用できそうですね。

▶シンプルでわかりやすいのが特徴

　インデックス型とは、株価指数などと同じ値動きとなるように運用される投資信託です（国内株式なら、**日経平均株価**や**東証株価指数〈TOPIX〉**など）。その投資信託が連動をめざす指数を**ベンチマーク**といいます。業種、国、地域など、投資対象をしぼり込んでベンチマークとするインデックス型もあります。

　インデックス型では、市場全体に幅広く分散投資することになるため、安定した運用ができます。ベンチマークの指数を見れば値動きがわかるなど、シンプルでわかりやすい投資信託といえます。運用に手がかからないため、信託報酬が低く抑えられているのも魅力です。販売手数料が無料（ノーロード）のものも。ただし、その運用方針上、ベンチマークを上回るような大きなリターンは期待できません。

インデックス型のしくみと特徴

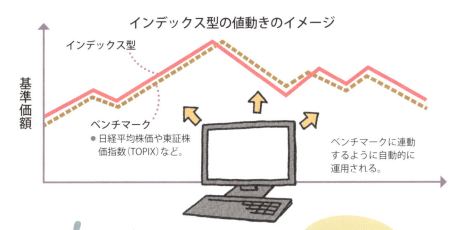

インデックス型の値動きのイメージ

- インデックス型
- ベンチマーク
  - 日経平均株価や東証株価指数(TOPIX)など。
- 基準価額
- ベンチマークに連動するように自動的に運用される。

レッスン3 投資信託の種類とタイプ

 注目!

インデックス型の 長所 をチェック

- ☐ 少額で分散投資を始められる。
- ☐ コストが低い（手数料が安い）。
- ☐ 売買のタイミングなどがわかりやすい。

インデックス型の 短所 をチェック

- ☐ 大きな利益は期待できない。

自動運用なので、信託報酬は低く設定されているのもポイントです。

これなら安心してまかせられそう。

もっと知りたい！ KEY WORD

ノーロード投信

　ノーロード投信とは、販売手数料がかからない投資信託のことです。インデックス型の投資信託やネット証券で多く見られます。

　販売手数料は、特に購入金額が高い場合や長期の投信積立では見逃せない負担となります。しっかりチェックしましょう。

投資方針② アクティブ型

ファンドマネージャーがより大きな利益を追求する

ベンチマークを上回るリターンをめざします。
それだけリスクも大きくなります。

アクティブ型は、インデックス型とどう違うものなんですか？

アクティブ型は、ファンドマネージャーが運用方針を決めて、運用する投資信託です。運用は、ファンドマネージャーの腕次第というわけですね。

アクティブ型は、これまでの実績なんかをしっかりくらべてみないと選べないですね！

▶銘柄選びや売買のタイミングをファンドマネージャーが選択

インデックス型が特定のベンチマークとの連動をめざすのに対し、**アクティブ型**は運用会社のファンドマネージャーが決めた方針により、ベンチマーク以上の利益をめざします。企業の状況と現在の株価を比較して、割安と判断される銘柄に投資する**バリュー株運用**、これから成長が見込める銘柄に投資する**グロース株運用**といったタイプがあります。

アクティブ型の運用は、よくも悪くもファンドマネージャーの力にかかっています。ベンチマークを大きく上回る利益が出る可能性はありますが、運用が想定通りに行かずベンチマークを下回る恐れもあります。また、信託報酬は一般にインデックス型よりも高めになります。

アクティブ型のしくみと特徴

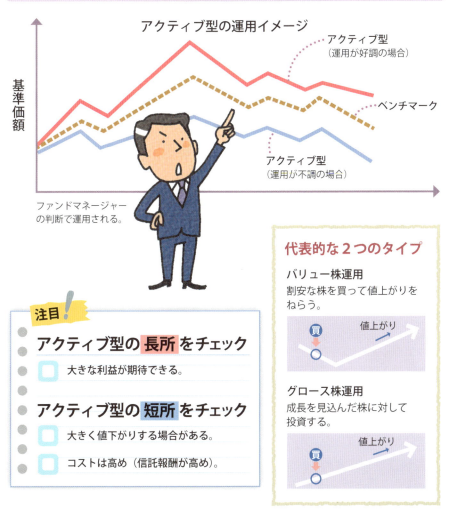

注目！

アクティブ型の 長所 をチェック
- 大きな利益が期待できる。

アクティブ型の 短所 をチェック
- 大きく値下がりする場合がある。
- コストは高め（信託報酬が高め）。

テーマ型の投資信託

テーマ型の投資信託とは、特定のテーマ（AI、バイオなど）に関連する銘柄に的をしぼって投資するものです。

運用方針はわかりやすいのですが、そのとき注目されているテーマが選ばれるため、流行が過ぎると値下がりするなど、値動きが不安定な傾向があります。

ETF(イーティーエフ)

株式と同じように売買できる投資信託

証券取引所で買える投資信託です。
コストが低めで売買の自由度が高いのが特徴です。

ETFは投資信託の一種ですが、株式と同じように証券取引所で売買できるのが特徴です。株式投資と同様、市場が開いている時間ならいつでも自由に売買できるんです。

投資の自由度が高くなるんですね。

特定の指数に連動するように運用するインデックス型が主流なので、値動きがわかりやすく分散投資ができますよ。

▶投資信託と株式のよいところを併せ持つ

　ETF*(上場投資信託)は、証券取引所に上場して株式と同じように取引される投資信託です。

　通常の投資信託は、1日1回算出される基準価額で購入するのに対し、ETFの購入価格は、リアルタイムで変動する取引所の市場価格となります。株式と同じように売買の注文ができます。価格を指定する**指値注文**や、銘柄のみ指定する**成行注文**、資金を借りて自己資金以上の売買をする信用取引も可能です。

　日経平均株価やTOPIXなどの指数に連動するインデックス型の運用が主流です。投資信託なので、少額からの分散投資ができます。多くの場合、信託報酬が低めなのも魅力の1つです。

* Exchange Traded Fund の略。

ETFは投資信託自体が上場している

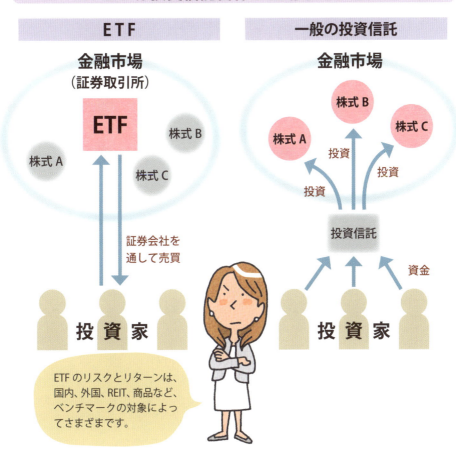

一般の投資信託とはここが違う

ETF	購入先	一般の投資信託
証券会社	購入先	主に販売会社
低め	信託報酬	一般にETFより高め
市場価格（リアルタイム）。1万円程度から購入できる	価格	その日の基準価額。1万円程度から購入できる
取引所が開いていればいつでも	購入のタイミング	1日1回
指値注文、成行注文ができる	注文方法	販売会社に申し込み

REIT（リート）

少額から不動産に投資ができる

不動産に投資する投資信託です。
不動産投資を1万円程度から始められます。

REITは投資対象が不動産である投資信託です。不動産に直接投資するのはお金がかかってたいへんですが、REITなら少額から、さまざまな不動産に分散投資できるのが魅力です。

投資信託で不動産投資ができるんですね！

そうなんです。国内のREITはJAPANの「J」をつけて「J-REIT」ということも。海外の不動産に投資する外国REITもありますよ。基本的に、株式やETFのように市場で売買されています。

▶複数の不動産に分散投資できる

REIT*（不動産投資信託）は、集めた資金で不動産への投資を行い、そこから得られる賃貸料や売買益などを投資者に分配します。

オフィスビルや商業施設など、物件の種類（用途）を限定して投資する**単一用途特化型**、複数の用途の不動産を組み合わせる**複合型**や**総合型**といったタイプがあります。複合型や総合型なら、分散投資効果が高くなります。

個人で不動産投資を行うには大きな資金が必要ですが、REITなら少額から不動産投資ができ、分配金が多めなのも特徴です。不動産の専門知識も不要です。

証券取引所で購入するほか、REITを組み入れた投資信託を購入する方法、REITをベンチマークとするETFを購入する方法もあります。

＊ Real Estate Investment Trust の略。

REITのしくみと特徴

不動産市場

オフィスビル　ホテル　住宅　物流施設　商業施設
　　　　　　　　　　　　　　　　　　　　　　　　　　など

投資 ↑

REIT

複数の物件に投資して、賃貸料・売買益を得る。

資金 ↑

買い方はいろいろ
- REITを直接購入する。
- REITを組み入れた投資信託を購入する。
- REITをベンチマークとするETFを購入する。

投資家

注目！

REITの 長所 をチェック

- ☐ 少額から不動産投資ができる。
- ☐ 複数の不動産に分散投資ができる。
- ☐ 不動産の専門知識が不要。
- ☐ 高い分配金が期待できる。

制度上、利益の90％以上が分配されるため。

REITの 短所 をチェック

- ☐ 投資法人が倒産したり上場廃止になる可能性がある。

不動産の資産価値や賃貸料はインフレとともに上がる傾向があるので、インフレへの備えにもなります。

リスクとリターンのめやす

	低め				リスクとリターン					高め
国内REIT	■	■	■	■	■					
外国REIT	■	■	■	■	■	■	■			

レッスン3　投資信託の種類とタイプ

バランス型

1つの投資信託で手軽に分散投資ができる

うまく分散投資を考えるのが難しい初心者には、最初からバランスよく配分されたタイプがあります。

株式型に債券型、REIT、どう組み合わせればよいのかよくわかりません…

それならバランス型を検討してみましょう。1つの投資信託で株式、債券、不動産など複数の資産に投資するものです。複数の投資信託を買わなくても、分散投資効果が得られます。

なるほど。バランスを考えた投資対象が入っている「幕の内弁当」ですね！

▶自動的に資産配分を調節してくれる

　バランス型の投資信託は、あらかじめ決められた資産配分により、国内外の株式や債券、不動産など、複数の資産に投資します。少額から分散投資できるのが投資信託の魅力の1つですが、バランス型の場合、==株式型や債券型のような単一の資産中心に投資するタイプよりも、さらに分散投資効果が高くなります。==

　また、資産配分により複数の投資信託を保有していても、それぞれの値上がりや値下がりとともに、当初の構成割合は崩れていきます。そのため、定期的に構成割合を見直す**リバランス**が必要です（→116ページ）。バランス型では、==このリバランスが自動的に行われるのが大きなメリットです。==ただし、その分信託報酬が高めになる傾向があります。

分散投資に適したバランスでパッケージ

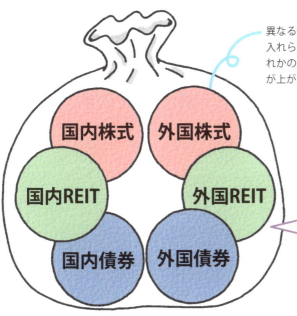

異なる値動きをするものが組み入れられている。そのため、どれかの価格が下がってもどれかが上がることが期待できる。

運用中はリバランス機能あり
値動きによりいずれかの比率が大きくなりすぎると、自動的に売買して元の資産配分に戻してくれる。

リバランスは自分でやろうとすると手間がかかります。それをファンドマネージャーにまかせられます。

複数の資産が組み入れられているので、その配分などでリスクやリターンは異なります。

注目！

バランス型の 長所 をチェック

- ☐ 1つの投資信託でリスクの分散効果をはかれる。
- ☐ リバランスが自動で行われる。

バランス型の 短所 をチェック

- ☐ 信託報酬が割高になりがち。
- ☐ 投資の中身を把握しづらい。

ファミリーファンド方式／ファンドオブファンズ方式

しくみの工夫で より有利な運用をめざす

より有利により安定した商品を提供するため、
いろいろな投資信託がつくられています。

運用形態でもさまざまな工夫をこらしたものがあります。「ファミリーファンド方式」では、投資家が買う複数の投資信託（ベビーファンド）の運用を、マザーファンドという投資信託が一手に行います。「ファンドオブファンズ方式」では、複数の投資信託を組み入れて運用します。

どうして、そんなややこしいことをするんですか？

運用の効率性を高めたり、安定させるための工夫です。しくみをよく理解してから購入するようにしましょう。

▶運用のメリットとコストをじっくりくらべて検討する

　ファミリーファンド方式は、1つの大きな投資信託（マザーファンド）の運用を、複数の小さな投資信託（ベビーファンド）で支えます。投資家が購入するのはベビーファンドです。マザーファンドの運用で得た収益が、それぞれのベビーファンドに分配されるしくみです。規模の大きな投資が可能になり、まとめて運用するため信託報酬など運用コストが低く抑えられます。

　ファンドオブファンズ方式の特徴は、投資信託そのものを投資対象とすることです。もともと複数の資産に投資する投資信託に投資するため、分散投資の効果がさらに高まり、運用はより安定します。ただし、それぞれの投資信託に信託報酬などがかかるため、運用コストは割高になりがちです。

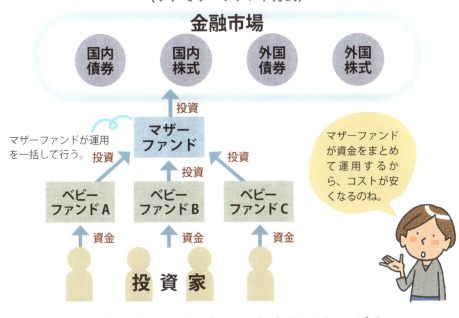

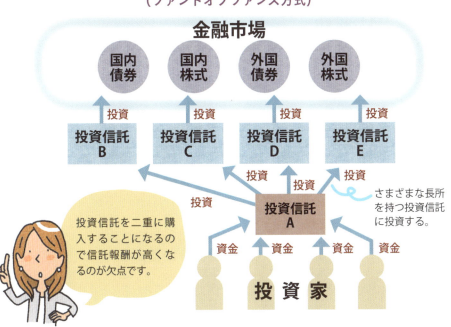

集中講義

ホームページにアクセスしてみよう

金融機関のホームページは情報の宝庫です。

▶投資信託を知るにはまず「アクセス」

　投資信託に関心を持ったら、まずは投資信託を取り扱う銀行や証券会社（販売会社）や運用会社などのホームページにアクセスしてみましょう。

　とはいえ、ネット証券のホームページなどは、TOPページからさまざまな項目がぎっしり詰まっており、どこをどう見ればよいのか迷います。

　まずは、画面上で「資産形成」「投資信託（投信）」といったボタンなどを見つけてクリック、==投資信託のページに行きましょう==。一般に下表のような内容や情報を知ることができます。レッスン2で見た購入手続きや、レッスン3で解説した投資信託の種類やタイプも確認できます。商品名をクリックすれば、目論見書などからもっとくわしい内容を見ることができます。

　==ホームページは日々更新されます。こまめに変化をチェックするのも大切です。==

ホームページでこんなことがわかる

1 どんな投資信託があるか調べられる
- 投資信託の種類やタイプなどから、希望に合ったものを検索できる。
- 販売金額などのランキングで、今人気のある商品がわかる。
- 商品ページでは、商品の選択基準となるさまざまな数字やデータを確認できる。

2 最新の投資ニュースや特集記事などを読むことができる

3 初心者向けの投資信託入門やガイドページが設けられていることも

4 口座開設や購入の手続きができる
- 口座開設後は、IDやパスワードの入力により、自分の投資状況などを確認できる。

くわしくはレッスン4

証券会社のホームページをのぞいてみよう
※楽天証券の例

画像は2018年11月時点のもの。

TOPページ

「資産形成」「投信」などのボタンを見つけてクリックする。

NISAやつみたてNISA、iDeCoを扱う金融機関なら、専用ページがあることも多い。

投資信託ページ

その金融機関が扱っている投資信託の情報を見ることができる。

口座開設ページや、開設後は自分の口座ページへ行くことができる。

いずれかのボタンをクリックすれば、商品をしぼり込める。

注・画面や手順などはホームページによって異なる。

商品名からも情報を得られる（例）

○○○・グローバル株式インデックス・ファンド

| 運用会社の名称 | 投資信託の種類やタイプ
（例は内外型＋株式型＋インデックス型） | 投資信託 |

商品名には、その金融機関独自の分類表示がついている場合もあるよ。

レッスン3　投資信託の種類とタイプ

レッスン3 おさらいテスト

このレッスンで学んだ大切なポイントを、テスト形式で答えてみましょう。

1 投資信託のうち、売買や解約ができる期間が決まっているタイプを ア＿＿＿、運用中、いつでも売買や解約ができるタイプを イ＿＿＿ という。

2 投資信託のうち、株式に投資する（投資できる）タイプを ウ＿＿＿、債券のみに投資するタイプを エ＿＿＿ という。オ＿＿＿ のほうがリスクは高い代わりに、より大きなリターンを期待できる。

3 ETFは証券取引所で売買できるため カ＿＿＿ が高い。キ＿＿＿ が低めなのもメリットの1つ。

4 ク＿＿＿ は、複数の種類の資産に投資するため、ケ＿＿＿ が手軽にできる。ただし、コ＿＿＿ が高めなので要チェック。

5 ファミリーファンド方式、サ＿＿＿ 方式とも、より シ＿＿＿ を期待できる。サ＿＿＿ 方式は信託報酬が高くなりがちなので注意。

解答

ア 単位型　イ 追加型　ウ 株式投信　エ 債券投信　オ 株式投信
カ 流動性（売買自由度）　キ コスト　ク バランス型　ケ 分散投資　コ 信託報酬
サ ファンド・オブ・ファンズ　シ 安定した運用

レッスン **4**

自分にぴったりの
「当たり商品」を見つけよう

投資信託の選び方

数多い投資信託の中から
自分に適したものを見つけるには、
選び方のポイントを
知っておく必要があります。

よい苗（投資信託）を選んで大切に育てる

選び方のキホン

目論見書と 運用報告書をしっかり読む

初心者の投資信託選びでは、種類やタイプごとに
運用実績やコストを確認しながら、安全性の高い手法を検討します。

ホームページや目論見書を見ると、さまざまな数字やグラフなどが並んでいます。しっかり比較検討して、その投資信託の実力を見きわめます。自分にとっての「当たり商品」を見つけましょう。

▶「自分で」確認することが大切

投資信託を選ぶには、それぞれの特徴や運用成績などを知る必要があります。まずチェックしたいのは**目論見書**と**運用報告書**です。いずれも販売会社や運用会社のホームページなどで見ることができます。どんな投資信託なのか、コストはどれくらいか、運用実績は好調かなどを確認しましょう。

初心者の場合、過去の実績がわからない新規の投資信託は、こうした比較検討ができないため避けたほうが無難です。

金融機関のものでなく、客観的な情報を知りたいのですが…

客観的な情報を調べることも、とても大切です。評価機関（例・モーニングスター https://www.morningstar.co.jp や格付投資情報センター https://www.r-i.co.jp など）のホームページをチェックしましょう。

投資信託の選択と実践ポイント

1 投資信託の実力をチェック

● 目論見書や運用報告書などを読み、他の投資信託と指標をくらべてみる。

目論見書 … 投資信託の「取扱説明書」

> 基準価額、純資産総額、シャープレシオ、トータルリターンなど（→ 100〜103ページ）。

ここが重要

! 「運用実績」で、過去数年間の基準価額と純資産総額の推移などを確認。
→ ベンチマークを上回っているか。順調に増えているか。

! 「手続き・手数料等」で、ファンドの費用を確認。
→ どんな費用（手数料など）がどれくらいかかるか。

運用報告書 … 投資信託の「成績表」→ 116ページ

2 初心者の投資信託選びのポイントを押さえる

● できるだけ安全な運用をするために。

インデックス型から始めよう	→ 104ページ
投信積立ならコツコツ増やせる	→ 106ページ
分配金の回数は少ないほどよい	→ 110ページ
信託報酬は低いほどよい	→ 112ページ
海外投資は「為替」に注意する	→ 114ページ

> 後悔のないよう商品選びは慎重に！

3 「買ったら終わり」ではない

● 購入後のことも視野に入れておく。

運用状況は定期的にチェック	→ 116ページ
売るタイミングはマイルールを決めておく	→ 118ページ

この数字をチェック①

基準価額／騰落率(とうらくりつ)

基準価額は投資信託の最初のチェックポイント。
騰落率では基準価額の動きがわかります。

基準価額は投資信託の今日現在の値段。金額そのものより推移が大切です。金融機関のホームページや目論見書の運用実績（「基準価額の推移」）で確認します。騰落率では、対象期間の基準価額の変動率がわかります。

基準価額（1口当たり）の計算式

純資産総額　÷　総口数(くちすう)

騰落率の計算式

（現在の基準価額 − 過去のある時点の基準価額）÷ 過去のある時点の基準価額 × 100

⚑POINT⚑

○ 基準価額は、純資産総額（→右ページ）が増えることで上がる。

○ 基準価額は分配金の有無や設定時期でも変わるため、金額の高低だけでよしあしは判断できない。

○ 基準価額を他の投資信託と比較する場合は、騰落率を見る（高いほどよい）。

基準価額の推移と騰落率をチェック

基準価額

ベンチマーク（→80ページ）を上回っているか、値動きは安定しているか。

金額の大きさより、順調に上がっているかを見る。

騰落率は、同じ期間の数値でくらべること。

時間

この数字をチェック②

純資産総額

その投資信託に集まった投資資金の総額です。
運用の安定度などを確認できます。

投資信託の規模を表し、一般にこの金額が多いほど運用は安定します。推移をチェックして順調に増えているかを見ましょう。金融機関のホームページや目論見書の運用実績(「純資産の推移」)で確認できます。

POINT

- 純資産総額が多いほど、一般に①分散投資が十分にできる、②一般に運用が安定する、③1口当たりのコスト負担が小さくなる、というメリットがある。
- 逆に減っている場合は、上記のメリットを得られなくなる。基準価額も下がっていくことが多い。
- 純資産総額が少なかったり大きく減っていると(10億円未満など)、繰上償還(→73ページ)される可能性もある。

純資産総額は推移を見る

- 順調に増えているとよい。
- 減り続けている場合は注意!
- 30億円以上が望ましい。

(縦軸: 純資産総額 / 横軸: 時間)

この数字をチェック③

シャープレシオ

リターンに対するリスクの大きさが適切かどうか
（運用効率）を表します。

数字が大きいほど、安定した運用によって利益を出しているということになります。金融機関や評価機関のホームページなどで確認できます。同じ種類の資産、同じ期間の数値をくらべましょう。

計算式　リターン＊　÷　リスク（標準偏差）

＊安全資産利回り（日本国債の利回りなど）を差し引いた一定期間の平均リターン。

一定期間のリスク（値動きのブレ）の大きさを表す数値（％）。数字が大きいほどリスクが大きい。

POINT
- リスクを抑えつつ、どれだけ大きなリターンを確保してきたかがわかる。
- リスクとリターンは表裏一体。バランスが大切。
- 過去の実績による指標であるため、今後の運用などを保証するものではない。

シャープレシオの比較例

投資信託 A
リターン　5％
リスク　　10％
▼
シャープレシオ **0.5**

投資信託 B
リターン　5％
リスク　　5％
▼
シャープレシオ **1.0**

投資信託 B のほうがリスクに対して効率よくリターンを上げている。

この数字をチェック④

トータルリターン

基準価額の上下だけでなく、
分配金なども含めた一定期間内の運用成績です。

基準価額の変動に分配金の総額などを合わせた指標なので、より正確な運用の実績がわかります。金融機関のホームページや目論見書の運用実績（「年間収益率」）で確認できます。同じ期間の数値をくらべましょう。

計算式

$$\left(\text{一定期間の基準価額の増減額}^* + \text{その期間の分配金の合計} \right) \div \text{過去のある時点の基準価額} \times 100$$

＊現在の基準価額－過去のある時点の基準価額。

※計算式は簡略化したもの。実際には税金なども差し引いて計算される。

◊ POINT ◊

- 一定期間にその投資信託が、分配金などを含めてどれだけ値上がりしたか、値下がりしたかがわかる。数字が大きいほどよい。
- 算出方法は金融機関や評価機関によって多少異なる。比較の際は要注意（算出の際の信託報酬など手数料の扱い方、分配金の扱い方など）。
- 過去の実績による指標のため、今後の運用などを保証するものではない。

トータルリターンの比較例

投資信託C
- 分配金合計　2000円
- 基準価額の増減額　1000円

→ **トータルリターン 30%**

投資信託D
- 分配金合計　3000円
- 基準価額の増減額　△1500円

→ **トータルリターン 15%**

分配金が多くても運用が好調とは限らない。

注・元（過去のある時点）の基準価額は1万円として計算。

初心者の投資信託選び①

インデックス型から
始めよう

**値動きがわかりやすくコストが低いため、
初心者向きのタイプです。**

はじめての投資信託、どんな商品を選べばよいでしょうか。

最初に投資信託にチャレンジするなら、インデックス型がおすすめです。株価指数との連動をめざす運用なので、値動きがわかりやすく比較的安定する傾向があり、長期の運用にも向いています。コストも低めです。

知識が少ないので、わかりやすいのはうれしいです。不安も小さくなりそうです。

▶シンプルでわかりやすいのが魅力

　インデックス型のメリットの1つは、==少額から分散投資できることです。==たとえば、日経平均株価に連動するインデックス型の投資信託を1つ持っていれば、東証一部の225社への投資と同じような分散投資効果があります。どんな指標をベンチマークとしているのか確認してみましょう。運用方法がシンプルであるため信託報酬が比較的安く、販売手数料が無料（ノーロード）のものも多くなっています。==インデックス型の比較では、こうしたコストにも注目です。==

　市場平均などがベンチマークなので、短期的に大きな利益は期待できませんが、長期的にはアクティブ型の多くよりリターンがよくなることが知られています。インデックス型を始めて知識が身についてきてから、他のタイプに挑戦するのもよいでしょう。

インデックス型の代表的なベンチマーク

国内株式

日経平均株価（日経225）
日本経済新聞社による日本を代表する225社の平均。

TOPIX（東証株価指数）
東京証券取引所第一部上場の全銘柄の時価総額の平均。

外国株式

MSCI コクサイ インデックス
日本を除く22の主要先進国を対象とするインデックス。

MSCI エマージング・マーケット・インデックス
中国など新興国を対象とするインデックス。

どんなベンチマークとの連動をめざしているのか、理解しておきましょう。

国内債券

NOMURA-BPI 総合
日本の公募債券流通市場全体の動向を対象とするインデックス。

外国債券

シティ世界国債インデックス
世界の主要国国債の利回りを対象とするインデックス。

いろんなインデックス型をくらべるのも大切なんだね。

インデックス型選びはここを見る

- 信託報酬は高くないか（さまざまなインデックス型を比較）。
- 純資産総額が多いほうがよい（30億円以上がめやす）。
- 純資産総額は着実に増えているか。
- 運用実績は好調か（実績がわからない新規のものは避ける）。

もっと知りたい！ Q&A

初心者はアクティブ型を絶対避けるべき？

アクティブ型は値動きが大きく、基本的には初心者や長期投資をする人向きではありません。ただし、つみたてNISAの対象となっているようなアクティブ型なら、比較的安心かもしれません。できるだけ長期の運用実績を確認しましょう。

初心者の投資信託選び②

投信積立なら
コツコツ増やせる

あらかじめ決めた額をずっと投資することで、
リスクを抑えた運用が可能になります。

投資信託に限らず、投資では安いときに買って高いときに売れば利益が出ます。ただ、そのタイミングの見きわめは簡単ではありません。

初心者はどうすればいいんでしょうか？

毎月決まった金額で購入していく「投信積立」がおすすめです。安いときにはたくさん買って、高いときはあまり買わないことになるので、無駄の少ない買い付けができます。いつ始めてもOK。長期的にはリスクも小さくなる傾向があるんです。

▶長期投資にもってこいの投資テクニック

　投信積立では、投資信託を自分で決めた一定額ずつ買っていきます。そのため、==まとまったお金がなくても投資を始められます。==一定の金額を積み立てていくだけなので、投資のタイミングに迷わずにすみ、手間もかかりません。

　変動する基準価額に関係なく同じ金額分を購入するので、基準価額が高いときは購入する口数が少なくなり、安いときは多くなります。結果として、==自動的に時間の分散を実践でき、高値買いなどを避けられます。長く続けるほど効果が高くなります。==初心者でも、比較的無理なく長期の資産運用ができるのです。

　ただし、基準価額が上がり続けているような状況では、購入を抑える方向に働くため、値上がり傾向を十分生かせないというデメリットもあります。

106

投信積立おすすめポイント

運用のリスクを抑えられる
投資する金額を無理のないものに設定できる。

手間がかからない
買い付けを口座からの自動引き落としにすれば、特に何もする必要がない。

購入のタイミング分散でリスクを抑えられる
スポット購入（→ 154ページ）にくらべて価格変動の影響を下げられる。

> 積立を長く続ければ、複利効果も期待できます。

値上がり時には少なく、値下がり時には多く

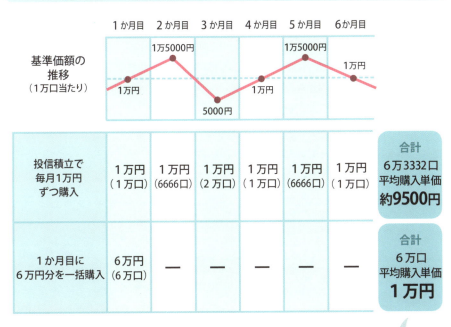

投信積立を続けることで、平均購入単価を抑える効果が期待できる。

ドル・コスト平均法
一定額を定期的に長期間購入していくことで、平均購入価格を下げる投資手法。投信積立はドル・コスト平均法の実践となる。

集中講義

つみたてNISAの活用術

投信積立の実践に、忘れることはできない制度です。

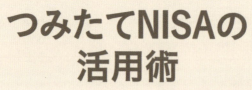

▶長期で積み立てる人に税金の優遇

　つみたてNISAは、2018年1月にスタートした新しいNISA（→58ページ）です。これまでのNISAと同様、投資から得た一定の利益・分配金が非課税となります。NISAとくらべ、==年間の非課税枠は年間40万円と少なめですが、非課税期間は最長20年と長くなっています。==少額から毎月コツコツ投資を続け、長期の資産形成をめざすといった人に適しています。

　つみたてNISAの対象商品は、金融庁の基準を満たした投資信託やETFのみで、ハイリスク商品などは認められていません。そのため、==商品の種類はNISAより少なくなりますが、初心者でも比較的安心して選べる商品がそろっています。==

　なお、NISAとつみたてNISAは併用できないので、利用する際はどちらかを選びます。イデコ（iDeCo→138ページ）とは併用できます。

対象となる投資信託はしぼり込まれている

対象商品	以下の条件に当てはまるもの
株式投資信託 / ETF	販売手数料が無料（ノーロード）で、信託報酬が低いもの。
	頻繁に分配金が支払われないもの（毎月分配型などは不可）。
	これらの条件を満たし、金融庁に届け出ていること。

NISAとの違いを確認しておこう

NISA		つみたてNISA
120万円	1年間の投資上限額	40万円
原則最長5年	非課税期間	最長20年
年120万円×5年（600万円）	非課税枠	年40万円×20年（800万円）
スポット購入、積立など	投資方法	積立のみ
2023年まで	投資可能期間	2037年まで
株式、株式投資信託など	対象商品	長期投資に向いた株式投資信託など（左ページ下図）

株式にも投資できるため、幅広い活用ができる。

一定条件を満たした商品のみ利用できるため、安心度が高い。

併用はできないからどちらかを選ぶのか…。変更は1年単位ならできるんだって。

ここに注意！

- 他の口座投資と損益通算や繰越控除ができない。
- 残った非課税枠は翌年に持ち越せない、一度使った非課税枠は復活しない。
- 分配金の再投資やスイッチング（保有商品を売って別の商品と入れ替える）は新規購入となる（非課税枠を使うことになる）。

レッスン4　投資信託の選び方

初心者の投資信託選び③

分配金の回数は
少ないほどよい

一見ありがたい分配金ですが、
大きく増やしたい場合はデメリットにもなります。

毎月分配型の投資信託は、高齢者を中心に人気がありますが、実は長期の資産形成をめざす人には、あまり向きません。

分配金は毎月の生活費の足しになるし、いい商品だと思いますけど…

分配金を出す代わりにそれを投資に回せば、運用を有利にできるんです。長期になるほどその差は大きくなります。分配金の要不要はよく考えてから決めましょう。

▶長期の運用では複利効果を生かすべき

　投資信託の分配金は、基本的に運用による利益から支払われます。そのため、分配金が支払われると、それだけ運用資産は目減りして基準価額が下がります。==その分投資に回すお金は少なくなり、長期になるほど「複利効果」は小さくなります。==分配金の回数が多いほど、このデメリットは大きくなります。

　分配金の**再投資型**や**無分配型**では、分配金を出さず運用に回していきます。なお、再投資型は分配金を投資に回す際に税金がかかります＊。無分配型はそもそも分配金がなく税金がかからないため、より高い複利効果を期待できます。

　分配金があると投資の実感を得られ、お得感もありますが、==将来の資産形成が目的なら、分配金がないか少ないほうが有利になりやすいのです。==

110　＊ NISA口座なら非課税となる。

分配金のタイプを知っておこう

- **分配金あり（分配型）**
  - **分配金を受け取る**
    - 毎月、半年に一度、年に一度など。
  - **分配金を再投資する（再投資型）**
    - 分配金を受け取らず運用に回す。

  いずれも分配金に税金がかかる。

- **分配金なし（無分配型）**
  - 分配金を支払わず運用する。

  再投資型に似ているが、分配金がないため税金がかからない。

再投資すれば「複利効果」を得られる

条件　100万円を年4％で5年間運用。税金や手数料などは考慮しない。

分配金を受け取る（年1回の場合）

5年間の運用成果 **120万円**（100万円＋分配金）

元本の額は変わらない。

注・運用の利益をすべて分配金とした場合。

分配金を再投資する

5年間の運用成果 **121万6653円**

元本が増えていく（長期の投資ほど効果は高くなる）。

レッスン4　投資信託の選び方

初心者の投資信託選び④

信託報酬は
低いほどよい

少額から始めて長期の投資を成功させるには、
コストを抑えることが必須です。

信託報酬は運用状況がよくても悪くても、投資信託の保有期間中ずっと払い続けなければなりません。保有期間が長期になるほど、信託報酬の影響は大きくなります。購入前に目論見書でしっかり確認しましょう。

どれくらいならいいんでしょうか？

販売会社や投資信託のタイプによっても大きく異なるので一概にはいえませんが、初心者なら信託報酬は1％以下がめやすです。

▶信託報酬以上の利益がないと運用はマイナスに

　信託報酬は、投資信託の運用に対して支払う手数料（コスト）です。金額（純資産総額に対する一定率）は、販売会社や投資信託のタイプなどによって異なります。保有期間中、自動的に差し引かれます。==投資信託で利益を得るには、少なくとも信託報酬以上の利回りが必要です。==

　大きな金額ではないため見過ごしがちですが、運用成績がよくないときでも必ず一定率が差し引かれます。==運用期間が長期になるほど影響も大きくなるため、0.1％でも低いほうが有利です。==

　また、コストとして販売手数料も見逃せません。販売手数料が無料の「ノーロード投信」を検討するなど、購入時にしっかり比較検討しましょう。

信託報酬は投資信託の種類によって違う

※一般的な傾向。

株式型	＞	債券型
海外投資	＞	国内投資
アクティブ型	＞	インデックス型

販売手数料では、一般に窓口購入よりネット証券のほうが安いよ…。

コストの違いで運用結果に差が出る

利回りが同じ3%でも、信託報酬を含めてみると…

条件 100万円を年3%で30年間運用。

信託報酬が高い 信託報酬 年2%

	10年後	20年後	30年後
運用資産	110.5万円	122万円	134.8万円

信託報酬が低い 信託報酬 年1%

	10年後	20年後	30年後
運用資産	121.9万円	148.6万円	181.1万円

運用成果の差	運用成果の差	運用成果の差
11.4万円	26.6万円	46.3万円

注・金額は1000円未満四捨五入。

レッスン4 投資信託の選び方

初心者の投資信託選び⑤

海外投資は「為替」に注意する

幅広い分散投資やより大きなリターンを求めるためには、海外への投資を検討します。

海外の株式や債券などに投資する投資信託を視野に入れると、分散投資の幅が広がり、より大きなリターンを期待できますよ。

でも、国内投資よりリスクが高いんですよね。

特に見逃せないのが為替リスクですね。投資で利益が出ていても、両替のタイミングによっては、為替のためにマイナスになったということも起こります。逆に為替によりリターンが大きくなることもあります。うまく資産配分に組み込んでみましょう。

▶分散投資の1つとして活用する

　海外への投資と国内投資との大きな違いは、外貨との両替が必要となり、このとき為替変動の影響により、**為替差益**や**為替差損**が生じることです。タイミングによりメリットにもデメリットにもなりますが、十分注意が必要です（為替変動リスク）。為替変動リスクを避けるために、あらかじめ為替レートを固定する「**為替ヘッジ**」ありを選ぶ方法もあります（→右ページ）。

　一般に先進国よりも新興国のほうが値動きは大きく、ハイリスク・ハイリターンです。国内の商品と組み合わせてリスク分散をはかるなど、上手に活用しましょう。投資家自身が外貨で投資する**外貨建て**と、日本円で買い付けなどを行い、投資信託内部で両替する**円建て**という違いもあります。

為替によるプラスマイナスに注意

売却により日本円に換金したとき
（運用による増減はないものとする）

1ドル100円のとき、20万円を海外商品に投資。

1ドル **110円**なら（円安） ▶ 為替差益を得られる **22万円**

1ドル **100円**なら（変化なし） ▶ 為替の影響なし **20万円**

1ドル **90円**なら（円高） ▶ 為替差損が出る **18万円**

換金のとき円安なら得だけど、円高なら損になるのか。なんだか怖いな。

為替の影響を避けるには「為替ヘッジ」を「あり」にします。

レッスン4 投資信託の選び方

為替ヘッジ その投資信託に対する為替レートを一定額に固定することで、為替の影響をなくす方法。

メリット 円高時の為替差損を避けられる。

デメリット 円安時の為替差益を得られない。また、一定の手数料（ヘッジコスト）が必要になる。

もっと知りたい！ KEY WORD

外貨建てMMF

外貨建てMMFは、ドルやユーロなど外貨で運用される「公社債投資信託」です。海外投資ですが、対象が格付けの高い債券なので、安全性が高めの商品です。一般に為替手数料が安い、換金がしやすい、比較的利回りがよいといったメリットがあります。他の海外投資と同様、為替の影響を受けます。

購入後のポイント①

運用状況は定期的にチェック

投資を始めたら定期的に運用動向を確認します。
「リバランス」という調整も必要になります。

投資信託は買った後のチェックも大切です。

えっ、十分検討して商品を選びましたし、後は運用会社にまかせればよいのでは？

毎日の値動きまで確認する必要はありませんが、販売会社が発行する運用レポートや運用報告書はきちんと目を通して、運用状況を把握しましょう。定期的に、保有している資産のバランスを調整する必要もありますよ。

▶大切な資金をしっかり育てていくために

　投資信託では基本的に中長期の運用を行うため、短期的な値動きに惑わされる必要はありません。しかし、運用状況を把握しておくことは、資産運用成功の重要なポイントです。月に一度程度の運用レポートと、年に1～2回発行される運用報告書は、必ずチェックしておきましょう。期間中の運用実績は結果だけでなく推移を見ます。今後の運用方針などもよく確認しておきます。

　当初、複数の投資信託をバランスよく資産配分したつもりでも、それぞれの値動きにより資産のバランスは変わってきます。年に1回程度は、売却や買い増しによるリバランスを検討しましょう。なお、バランス型（→88ページ）なら、自動的に資産配分を元に戻してくれるので便利です。

運用報告書はここをチェック

- ☐ **期間中の運用実績** … ベンチマークとくらべて運用はどうだったか。
- ☐ **投資環境** … どんな経済環境のもとで運用されたか。
- ☐ **運用の概況** … 投資対象（組入資産）はどう変化したか。
- ☐ **今後の運用方針** … 今後の投資の方針などは納得できるものか。
- ☐ **費用の明細** … 運用にかかったコストはどれくらいか。

リバランスの方法は2つ

※金額は例。

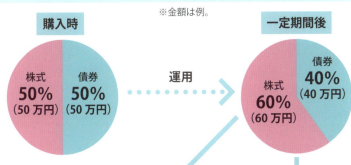

リバランスを実践！

A 減ったものを買い足し、比率をそろえる
- 資金が多く必要。売却しないため税金がかからない。

元のまま。／20万円買い足す。

B 増えたものを売って、減ったものを買い足す
- 売却益に税金がかかる。

10万円売る。／10万円買い足す。

購入後のポイント②

売るタイミングは マイルールを決めておく

運用は始まりから終わりまで、計画的に行うことが大切です。
しっかり利益を手にしましょう。

事前に目標額を決めておいて、達成したら売るというのが理想ですが、達成前に売却を考えたほうがよいこともあります。

それは…全然もうからないときですかね？

そうですね。いくら慎重に商品を選んでも、運用がうまく行かないことはあるものです。購入前に許容できる損失額などを決めておくと、すみやかに売却などの決断できますよ。

▶臨機応変な対応が「吉」となることも

　投資信託の売却のタイミングは、基本的には「最初に自分自身が決めた目標額」に達したときなどです。しかし、運用がうまく行かない場合など、目標に達していなくても売却（換金）を考えたほうがよいケースもあります。

　まず、想定以上に値下がりが続いて、回復が期待できない場合です。あらかじめ自分で途中換金のルールを決めておけば、迷っているうちにずるずる状況が悪化して損失が大きくなったという事態も防げます。

　自分自身の当初の運用の目的が変わったり、運用会社の運用方針が変わって自分の方針と一致しなくなることもあります。こうした場合は、他の投資信託への乗り換えを検討しましょう。

こんなときが換金のグッドタイミング

資産配分のバランスが崩れている
- 運用状況のチェックによりリバランスを行い、資産の一部を換金する（→ 116ページ）。

目的の変化により、運用方針を変更したい
- 投資の目的が変われば、資産配分や適した商品も変わる。
- 投資信託の運用方針が変わり、自分自身の方針と合わなくなった。

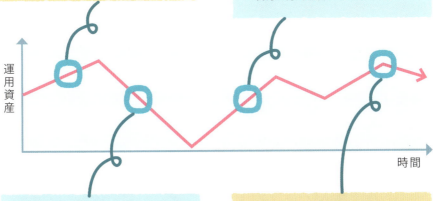

運用状況が想定以上に悪い
- あらかじめ許容できる損失額を決めておくとよい。
- 心理的な負担が大きい場合は、無理せず換金を。

投資の目標額を達成した！
- あらかじめ決めていた投資の目標額を達成したら、いさぎよく換金する。

売却は自分自身の判断か。ルールをしっかり考えないとなあ。

レッスン4　投資信託の選び方

ファンドラップ

　ファンドラップとは、商品選びから運用までを一括して銀行や証券会社にまかせられる投資信託サービスです。専門家への相談・アドバイスにより、適した投資ができる商品として人気です。ただし、投資顧問料などコストが高く、運用結果が保証されるわけでもありません。利用は慎重に検討しましょう。

レッスン4 おさらいテスト

このレッスンで学んだ大切なポイントを、テスト形式で答えてみましょう。

1. 純資産総額は ア を表す。一般に イ ほどよいが、必ず推移を確認して、ウ チェックする。

2. 投資信託の成績は、分配金などを含めた エ で確認することが大切。

3. オ を見れば、その投資信託の カ （リターンに対するリスクが適切かどうか）がわかる。

4. つみたてNISAの1年間の投資上限額は キ 、非課税期間は ク 。

5. リバランスには、ケ を買い足して比率を元に戻す方法と、ケ を買い足し、コ を売って比率を元に戻す方法がある。

6. 投資信託の売却は、サ を事前に決めておく。

解答

ア 投資信託の規模　イ 多い　ウ 順調に増えているか　エ トータルリターン
オ シャープレシオ　カ 運用効率　キ 40万円　ク 最長20年　ケ 減ったもの
コ 増えたもの　サ どんな場面に行うか（マイルール）

レッスン 5

ケーススタディ
失敗例から成功のコツを学ぶ

具体的なケースから、
ありがちな投資信託の失敗例を紹介します。
それぞれ自分にも起こり得ることとして
対策を考えてみてください。

失敗例その①

「ランキングの高い商品を選んだのに…」

友人に資産運用の大切さを説かれたAさん。
その気になって投資信託を始めることに。

うーん、そうはいっても、どんな投資信託がいいのかさっぱりわからないな…。
「人気ランキング　投信」で検索してみよう。

おっ、たくさん出てくるな。やっぱりランキング上位のほうがいいに決まってるよね。人気があるということはみんな買っていて、きっともうかってるんだよね。

いちおう過去の運用実績も確認しておこう。ほら、やっぱり今まで好調が続いてる。よし、これで行こう！

ところが購入後、その商品はどんどん値下がり始めて、とても回復が望めない状態に。

あんなに人気があったのにどうして!?

どうしてこうなった❓

「ランキング上位」といっても、ランキングの基準が
はっきりしないことも多い。
また、将来の運用を保証するものではない。

投資信託の中身をきちんとチェックしていない。
過去の運用実績をうのみにしてしまっている。

投資信託の知識が十分ではない段階で、
安易に購入を決めてしまった。

教訓 & 対策

- まず、投資信託の基本的な知識を持ちましょう。自分の大切なお金ですから、判断を他人まかせにしてはいけません。よくわからないまま買うのはNGです。
- 「よい商品」かどうかは、その人の投資の目的によっても変わります。
- 運用実績はあくまで過去のもの。現在好調でもそれが続くとは限りません。判断材料の1つとして考えましょう。

こんな投信に注意

おすすめ商品	手数料が高いなど、「売り手目線」のおすすめかもしれない。
テーマ型の商品	現在注目されているテーマは、今がピークで今後は値下がりするかもしれない（→83ページ）。
新規設定の商品	運用実績などを他の商品と比較できないため、購入の判断が難しい。

失敗例その②

「リスクを甘く考えていた…」

投資では預貯金と利回りが全然違うことに興奮しているBさん。
「投資信託でもうけるぞ」とはりきっています。

> せっかくの投資なんだから、できるだけ大きくもうけたいな。こまかいことは性に合わないし。

> 株やFXと違って、投資信託は安全だっていうしね。海外の株がもうかりそう。

<u>とにかく利回りのよい商品を探した結果、新興国の株式に投資する投資信託を購入。</u>

↓

> 私って天才。どんどん値上がりしてる。どんどん買っちゃおう。ボーナスが出たところだし。

<u>ボーナス全額を使って、その投資信託を買い増し。</u>

↓

> あるとき、その国の経済情勢が大きく悪化して、その株式も大きく値下がり。投資したお金がみるみる半分に…

> こんなはずじゃなかったのに。

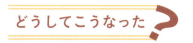
どうしてこうなった？

目先の利益ばかりに注目して、その商品の
リスクがどんなものかわかっていない。

分散投資を考えず、単一の資産に
集中投資している。

自分の「リスク許容度」や投資できる金額を
決めずに投資を始めている。

教訓 & 対策

- 自分がいくら投資に使えるのか（方針や目標→36ページ）、どれだけリスクをとれるのか（リスク許容度→38ページ）を把握することが大切です。
- 投資信託の種類やタイプでリスクは異なります。どんなリスクがあるのか、必ず目論見書などで確認します。
- 一度に大きくもうけようとか、一攫千金をねらおうという姿勢はNGです。
- 複数の対象に投資する分散投資などで、リスクを抑える工夫を考えましょう。

レッスン5　失敗例から成功のコツを学ぶ

投資に使えるお金を計算しておこう

預貯金　−　万一に備えるお金　−　使いみちの決まっているお金　＝　投資に使えるお金

注・くわしくは37ページ。

失敗例その③

「分配金の多さで商品を選んだら…」

投資信託を検討中のCさん。
預貯金の金利のように、定期的にもらえる分配金に注目しています。

分配金を定期的にたくさんもらえたほうが投資の実感があるし、ありがたいよね。

よし、できるだけ分配金が多い投資信託を選ぼう。

毎月分配型で、その額が高いものを選んで購入。

やっぱり毎月お金をもらえるなんて助かるな。これだけもらえるんだから、この商品は当たりだ！

毎月の分配金に満足のCさん。

ところが、その投資信託は実は運用が悪化して、資産をどんどん減らしており…

えっ、繰上償還？　どうして？

どうしてこうなった？

分配金のしくみを理解していない。
分配金による運用への影響をチェックしていない。

商品選びの際、分配金にこだわりすぎて
他のポイントを見ていない。

「毎月きちんと分配金が出ている＝運用は良好」
と思い込み、安心してしまっていた。

教訓 & 対策

- 分配金とはどんなお金なのか、普通分配金と特別分配金はどう違うのかなど、しっかり理解しておくことが必要です。
- 分配金の有無や頻度、金額は、必ずしも商品のよしあしを示すわけではありません。
- 運用の状況は、分配金を合わせた「トータルリターン」などで確認します。
- 投資としては、分配金を出さずに投資に回す「再投資型」のほうが有利です（→110ページ）。

レッスン5　失敗例から成功のコツを学ぶ

こんな分配金に注意

通常の分配金
運用の利益から支払われる。

利益 / 元本（基準価額） → ¥

特別分配金
利益が出なくても投資資産から支払われる。

元本（基準価額） → ¥

元本が目減りする。

失敗例その④

「手数料を
考えていなかった…」

投資初心者のDさん、投資信託の検討を始めました。
ちょっと思い込みが強く、せっかちなところがあるようです。

投資で大切なのは、分散投資でリスクを小さくすることか〜、なるほど。よし、いろんなタイプの商品をたくさん買えば分散投資ができるわけね。

**「あれも」「これも」と数万円ずつ
20本以上の商品を購入。**

これだけ買えば十分だよね。
分散投資はばっちりだ。

**それなりにもうかって利益を出す商品も
あったが、計算してみると手数料が
かさんでマイナスに。**

利益が出てるのに！
手数料でそんなことになるなんて…

確認してみると、割高な手数料の商品を
買っていたり、信託報酬が利益を上回って
いるものも多く…

どうしてこうなった?

そもそも、いつどんな手数料がかかるのか理解していなかった。

購入した商品の数が多いため、手数料もかさんでしまった。

手数料を比較・検討しておらず、割高な商品を買っていた。

教訓 & 対策

- コストに対するしっかりした認識は投資に不可欠です。長期投資ほど、その重要性は高くなります。
- いろいろな商品を比較検討して、手数料のめやすをつかんでおきましょう。購入前には、必ず目論見書で確認します。
- アクティブ型など、手数料が高くなりがちな種類やタイプを知っておきましょう（→112ページ）。
- 手数料の影響を含めた運用を試算して、利回りを考えるのも有効です。

手数料の実際の金額を計算してみよう

販売手数料　基準価額(購入金額)　　円　×　　　%　=　金額　　円

信託報酬　純資産総額　　円　×　　　%　=　金額　　円

注・計算方法は販売会社により異なる場合もある。

失敗例その⑤

「長期間ほったらかしにしていたら…」

将来のため投資の必要性を感じているEさん、多忙で投資の勉強をする暇がないため、直接証券会社に相談しました。

証券会社の窓口担当者に商品を紹介され、すっかり大船に乗った気に。

> 基準価額が高いってことは、それだけ価値が高いってことだよな。しっかり実績も出てるおすすめ商品らしいし、よい商品なんだろう。

自分ではよく調べもせずに購入を決定。

> プロにまかせるんだから大丈夫だろう。では、これでお願いします！

購入後、仕事の忙しさにかまけて、1年以上何のチェックもせず、運用レポートや運用報告書はまったく見ていなかった…

> あるとき、運用報告書をようやく確認すると、大きく値下がりしていた！

> どうしてこんなことに⁈ もっと早く気がついていれば…

どうしてこうなった❓

購入時から担当者まかせで、
自分では商品をよく検討していなかった。

買ったことで安心してしまい、
終わったような気になっていた。

購入後のチェックを怠ったため、資産配分の
バランスが悪くなっていることに気づかなかった。

教訓 & 対策

- ファンドマネージャーがプロだからといって、必ず成功するわけではありません。
- 最初に、自分自身でしっかり資産配分を行うことが大事です。
- 定期的に運用状況をチェックしましょう。購入後のリバランスは不可欠です。
- 適切な資産配分やリバランスの実践に自信がない人は、バランス型（→88ページ）を選びましょう。

よくない商品を買ってしまったら

購入後、選択の失敗に気づいたり、自分の方針や目標、リスク許容度などとのずれが明らかになった場合は、すみやかに解約して別の商品を買ったほうがよい。また、運用がうまく行かない場合などに備え、解約のルールを事前に決めておこう。

失敗例その⑥
「日々の値動きを気にしすぎて…」

少し神経質なFさん、投資信託を始めましたが、
購入後も気になってしかたがないようです。

ついに投信を買った！　検討に検討を重ねたからなー。楽しみだけどちょっと怖いな…

どうなってるかな〜。今日は上がってる。
やった！　追加で買おう。

あれ、最近どんどん下がってるぞ。
やばいどうしよう、胃が痛い。

なんとか戻した。また下がると怖いから、
ここで売っちゃおう。

こうしたことを繰り返すうち、
1年経ってみるとマイナスの結果に。

一生懸命がんばったのに、どうして…
どうすればよかったんだろう。

どうしてこうなった❓

投資の目標や方針を持っておらず、
行き当たりばったりな投資を行っている。

投資を始めたばかりで知識が少ないにも
かかわらず、プロでも難しい短期売買をしている。

頻繁な売買により、
手数料がかさんでしまっている。

教訓 & 対策

- 投資信託では、多少の値上がり、値下がりはつきものです。長い目で見ることが大切です。
- 事前に投資の方針や目標を決めて、日々の値動きなどに惑わされないようにします。
- そもそも、投資の売買のタイミングはプロでも難しいものです。
- インデックス型など、できるだけしくみや運用がわかりやすい商品を選びましょう。

レッスン5　失敗例から成功のコツを学ぶ

あせらない投資のヒント

1 投信積立（→ 106 ページ）なら値動きを気にせずにすむ

- あらかじめ決めた金額を、毎月投資する。

今月　来月　再来月　…

2 シンプルでわかりやすい商品なら、チェックや判断がしやすい。

インデックス型（→ 104 ページ）

バランス型（→ 88 ページ）　など

失敗例その⑦

退職金を
つぎ込んで投信デビュー

定年退職が間近のGさん、退職金をどうすべきか検討中。
口座を持っている銀行に相談したところ…

せっかくの退職金、活用しないと損ですよ。投資信託ならまず安心です。特にこの商品がおすすめです。過去にこんなに実績が出ているんです。

確かにそうかもな〜。年金は当てにならないし、お金は多いほうがいいしな。最近は、長生きするのもリスクだっていうしなあ。

銀行の担当者にすすめられるまま、退職金の大半を使ってそのおすすめ商品を購入。

購入後しばらくして大きな値下がりで退職金が3分の2に！

老後の資金なのにどうしよう！
大きく増やせるって言ってたのに…

どうしてこうなった❓

金融機関の担当者の話をうのみにして、
自分の頭で考えていない。

大きなお金に慣れておらず、
どうにかしないと損だとあせっていた。

投資や投資信託に対する勉強不足。
基本的な考え方やリスクを理解していない。

教訓 & 対策

- 投資を始めるには、方針や目的をはっきりさせて、資産配分の考え方など一定の知識を持つことが必要です。その上で自分自身の判断により、投資の中身を決めます。
- 退職金のうち、どれだけ投資に回せるのかをまず考えましょう。投信積立などで、できるだけ長く少しずつ投資するのが基本。退職金の一括投資は危険です。
- 退職金は老後の大切な生活資金です！リスクは抑えて安定運用を心がけましょう。

定期預金とのセット商品

「特別金利」など、預金金利の優遇とセットになっている投資信託は一見お得なようだが、特別金利は一定期間のみで、信託報酬など手数料が割高になっていることも多い。結局、投資としてはマイナスであることも。十分損得を試算することなどが欠かせない。

レッスン5　失敗例から成功のコツを学ぶ

レッスン5 おさらいテスト

このレッスンで学んだ大切なポイントを、テスト形式で答えてみましょう。

1. ア_____ のおすすめや イ_____ 、過去の ウ_____ をうのみにしない（自分の頭で考える）。

2. その商品にはどんな エ_____ があるかをしっかり確認して、オ_____ などで エ_____ を抑える手立てを講じる。

3. カ_____ の金額や回数が多いからといって、よい商品とは限らない。

4. 必ず支払う キ_____ の種類やおおよその金額は、事前に確認する。

5. あせらず ク_____ な視点で投資を行う。

6. 一度に大きな金額を投資しないこと。少額ずつ定期的に購入する ケ_____ などを検討する。

解答

ア 販売会社　イ ランキング　ウ 運用実績
エ リスク　オ 分散投資　カ 配当
キ コスト　ク 長期的　ケ 積立投信

巻末レッスン

老後資金づくりで人気
iDeCo(イデコ)のポイントを知っておく

NISAとともに、
国が用意してくれた有利な投資優遇制度です。
年金不安時代には
必ず知っておきたい制度です。

イデコのしくみ

老後資金の不足を補う「確定拠出年金」

確定拠出年金は、自らの運用により老後の年金をつくる制度です。なかでも個人で加入できるイデコが注目されています。

イデコ（iDeCo）は老後の生活資金づくりのために、国が用意した優遇制度です。

誰でも使えるんですか？

原則として20歳以上60歳未満なら誰でも加入できます。掛金も月5000円から始められるので手軽ですよ。商品は初心者の長期投資に向いたものに厳選されていますし、税金のメリットを目的に、定期預金や保険商品で使うこともできます。

▶掛金5000円から始められる

　確定拠出年金とは、加入者が掛金を自分で運用することで、将来の年金をつくる制度です。会社が企業年金の1つとして加入する企業型、個人で加入する個人型の2つがあります。**イデコ**はこの個人型の確定拠出年金の愛称です。

　イデコは、原則20歳以上60歳未満の人なら加入できます。ただし、会社に確定拠出年金制度のある人は、その規約でイデコ加入が認められていることが必要です。運用した資金は、60歳以降に年金や一時金で受け取ります。

　掛金には一定の上限がありますが（右ページ）、月5000円から1000円単位で積み立てができます。掛金の上限は年単位なので、その範囲内で月ごとに金額を変えることもできます。ただし掛金額の変更は年に1度です。

原則として60歳まで積み立てる

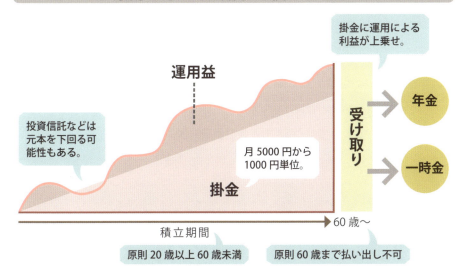

掛金には上限があり、職業などで異なる

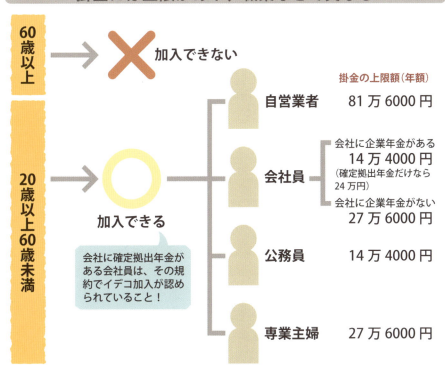

巻末レッスン iDeCoのポイントを知っておく

イデコのメリット

最大のメリットは3つの税制優遇

イデコでは、掛金から受け取る年金（一時金）まで税金が優遇されます。この点では NISA など他の優遇制度より有利です。

イデコに加入すると、どんないいことがあるんですか？

運用次第で年金を増やせるというのが第一。それから、なんといっても税金が優遇されることです。優遇の内容は NISA より有利です。

掛金、運用益、受け取るときも税金のメリットがあるんですね。すごい！

▶節税効果をフル活用しよう

　イデコの節税効果はとても大きなものです。まず、==毎月積み立てる掛金全額が所得控除の対象==となり、年末調整や確定申告により、所得税と住民税が軽減または還付されます。次にイデコの運用により利益が出た場合は、NISA やつみたて NISA（→52、108 ページ）同様、==運用益が非課税となります。==さらに、==60 歳以降の受け取り時には、年金なら公的年金と同じ公的年金等控除、一時金なら会社の退職金同様、退職所得控除==を受けられます。

　一方で注意すべき点もあります。原則 60 歳まで資金が引き出せないため、老後資金以外の目的には使いづらいこと、さまざまな機関がかかわるため、それぞれに手数料が発生することなどです。

3つの税金メリットがある

掛金 ‥‥‥ **全額所得控除の対象**（所得税と住民税が軽くなる）

> 例　年収500万円の人が毎月1万円（年12万円）を積み立てた場合
> ▶所得税・住民税合わせて年3万6000円の軽減。
> 注・金額は他の所得控除の内容などによって変わる。復興特別所得税は省略。

運用益 ‥‥‥ **非課税**

> 例　運用により3万円の利益が出た場合
> ▶通常の投資…所得税6094円。
> 　イデコ…0円。

（所得控除は年末調整または確定申告で受けられます。）

受け取る年金（一時金） ‥‥‥ **大きな所得控除がある**

年金は公的年金等控除を受けられる
> 例　65歳未満なら年70万円、65歳以上なら年120万円まで税金がかからない（公的年金等との合計額）。

一時金は退職所得控除を受けられる
> 例　積立期間30年なら、1500万円まで税金がかからない。

イデコ加入時の注意ポイント

1　原則60歳まで資金を引き出せない

老後の資産形成が目的であるため。10年未満の加入期間なら、加入年数に応じてさらに受給開始年齢が遅くなる（61〜65歳）。

2　さまざまな手数料がかかる

イデコにはさまざまな機関がかかわっており、それぞれに手数料が発生する。金融機関により異なるので、加入時の比較検討は必須。

金融機関の選び方

口座は1人につき1つ。
慎重に選ぶ

運用を依頼する金融機関は1つしか選べません。
手数料など、事前にしっかり比較検討を行います。

イデコの口座はイデコを取り扱う金融機関でつくりますが、口座管理手数料などが必要です。基本的に長くつき合うことになりますから、できるだけ安いところがいいですよ。

いったん決めたら、金融機関は変更できないんですか？

変更はできますが、手数料がかかりますし、手続きもやや煩雑です。できるだけ最初によく比較検討して、後悔のない選択を心がけましょう。

▶手数料は事前によく比較検討する

　イデコ加入には、まず口座をつくる金融機関（**運営管理機関**）を選ぶ必要があります。この金融機関を通して、**国民年金基金連合会**に加入手続きを行います。==イデコの口座は1人1つしかつくれません。==金融機関選びでは、右ページのポイントに注意しましょう。なかでも手数料は種類が多く、金融機関によって金額も異なります。==どんな手数料がかかるか確認して、できるだけ安いところを選びましょう。==加入手続きには、加入資格の審査などで1～2か月程度かかります（→右ページ下図）。

　イデコ加入者が転職したとき、転職先の確定拠出年金（企業型）にイデコの資産を移せます（**ポータビリティ**）。また、会社の確定拠出年金（企業型）に加入していた人が、退職後その資産をイデコに引き継ぐことも可能です。

金融機関選びのポイント

手数料は？
加入時、運用時、他社への移管時、資金の受け取り時など、いつどんな手数料がいくらかかるか確認する。特に長期投資では、口座管理手数料が重要。

イデコ取扱金融機関

口座を開けるのは1つの金融機関だけか。慎重に選ばないとね。

商品の品ぞろえは？
扱っている商品の種類や数は金融機関によって異なる。主に分散投資や低コストの観点から、品ぞろえのよい金融機関を探す。

サービス内容は？
ホームページの見やすさ、コールセンターの対応時間、窓口対応の有無など。長くつき合うことになるため要チェック。

加入手続きの流れ

金融機関を決める
- 申込書類を請求して入手する。

> 商品選択や配分指定などは、口座開設後に行う場合もある。

申込書類を作成する
- 掛金（積立金額）を決める、運用商品を選ぶ。
- 会社員などは、勤務先に「事業主の証明」をもらう必要がある。
- 掛金は限度額の範囲内で、年に一度変更できる。

> 手続き完了までには1〜2か月かかる。

申込書類を提出する
- 国民年金基金連合会の加入審査を受ける。

口座の開設、運用開始
- 審査結果は国民年金基金連合会から届く。
- ログイン用のIDやパスワードが届く。

運用のポイント

目標に応じて2つのタイプを使い分ける

イデコは定期預金や保険でも使えます。
大切な老後資金なので安定運用を心がけましょう。

私はお金が減るのはいやなので、元本確保型にすればいいですね。

それでも税金の軽減メリットを受けられますが、低金利の状況なので老後資産を増やすことはできません…。元本変動型の商品にもいろいろなタイプがあるので、よく調べてみてください。元本確保型と組み合わせる方法もありますよ。

なるほど。配分を考えてリスクを小さくするんですね。さっそく検討してみます！

▶自分に合った商品を選べる

　イデコで選べる金融商品には、元本確保型と元本変動型の2つがあります。元本確保型は一定の金利で運用されるタイプで、定期預金と保険商品があります。安全性は高いのですが、リターンはほとんど期待できません。
　元本変動型は運用に応じて元本が変動するため、元本割れのリスクはありますが、資産を増やせる可能性があります。イデコで選べるのは一定の投資信託のみです。投資信託は、目論見書（→62ページ）をしっかり読んで、運用商品の特徴やリスク、コストなどを理解した上で選びましょう。
　商品選びでは、毎月の掛金をどの金融商品にどれくらいずつ振り分けるか（配分）を決めます。運用中の状況チェックやリバランス（→116ページ）も大切です。

イデコの運用商品を選ぶ

株式や債券に直接投資することはできないのか。

元本確保型
定期預金、保険商品など、元本（掛金）が保証されている商品。運用期間に応じて、一定の利息が上乗せされる。大きく増える可能性はない。

元本変動型
金融庁の一定条件を満たす投資信託。元本（掛金）が大きく増える可能性があるが、元本（掛金）が減る可能性もある。

掛金の配分を決める
自分の運用方針に基づき、商品を選び、それぞれの配分比率を指定する。

分散投資を自分で考えるのが難しければ、バランス型（→88ページ）がおすすめです。

考え方のキホン
自分の投資の目的やリスク許容度（→38ページ）を確認する。

元本確保を重視なら
元本確保型の商品を中心にして、投資信託を組み合わせる。

資産を増やしたいなら
投資信託を中心に、分散投資を行う（→40ページ）。

イデコとつみたてNISAはどちらがよいですか？

節税の面ではイデコが有利ですが、つみたてNISAにはいつでも引き出せるメリットがあります。投資の方針や目的から選びますが、併用もできます。イデコを上限額まで使って、それ以上はつみたてNISAという考え方もあります。

145

イデコの受け取り方

年金と一時金から選ぶことができる

イデコで積み立てた資金は60歳から受け取れます。
年金か一時金（または両方の組み合わせ）を選びます。

60歳になったら、ついにイデコで積み立てたお金をもらえるんですね！

年金か一時金、または両方の組み合わせから受け取り方を選べます。受け取る時期も60歳から70歳になるまでなら好きなときにできるので、公的年金の受給開始時期などを考え合わせて決めましょう。

そうか、受け取り方にも計画が必要なんですね。

▶受給には請求が必要になる

　イデコで積み立てた資金は、60歳になると70歳になるまでの間に、自らの請求により受け取ります。70歳になるまで運用を続けることもできます。ただし、加入期間が10年未満だと、加入年数に応じて受給開始年齢は遅くなります（61〜65歳）。

　受け取り方は、一括で受け取る方法（**一時金**）と、分割して受け取る方法（**年金**）があります。一時金と年金を組み合わせることもできます。いずれも大切な老後資金であることから、一時金の場合は**退職所得控除**、年金の場合は**公的年金等控除により、かかる税金は軽減されます。**

　受け取り時期は、公的年金の受給時期やいつまで働くかといった、60歳からのライフプランと一緒に考えましょう。

自分で請求して受け取る

運用による資産

一時金で受け取る

退職金が少ない（or ない）ため、その代わりにしたい場合など。退職所得控除を受けられる。

> 加入期間が長いほど控除額は多くなる。

POINT

控除の枠を有効活用するため、会社の退職金と受給時期をずらすなどの工夫を考える（一般に、イデコを先にしたほうが有利）。

年金で受け取る

5〜20年の有期年金。公的年金の補塡にしたい場合など。公的年金等控除を受けられる。

> 受給期間中、年金額に応じた控除を受けられる。

POINT

公的年金の金額や受給開始年齢などとの兼ね合いで、受給時期などを考える。70歳になるまでは運用を続けることもできる（新たな掛金拠出は不可）。

いずれも、60歳から70歳になるまでの間に金融機関を通して請求する。

> 一時金と年金の組み合わせもできます（金融機関による）。この場合、それぞれ退職所得控除、公的年金等控除を受けられます。

注・退職所得控除、公的年金等控除の控除額や条件などは、国税庁ホームページなどで確認を。

もっと知りたい！ KEY WORD

死亡一時金、障害給付金

イデコの給付にはその他、加入者が亡くなった場合に遺族が受けられる「死亡一時金」、加入者が病気やケガなどで一定の障害者になったときの「障害給付金」がある。いずれも60歳前でも受給できる。

障害給付金は非課税、死亡一時金は相続財産の一部として扱われることになる。

巻末レッスンおさらいテスト

このレッスンで学んだ大切なポイントを、テスト形式で答えてみましょう。

1 イデコとは、自分で運用して将来の年金を増やす ア のイ のこと。
イ には会社が企業年金制度として加入する ウ もある。

2 イデコの税金は、エ 、オ 、カ それぞれが優遇される。

3 イデコの対象商品には、定期預金などの キ と投資信託などの ク の2種類がある。

4 イデコで積み立てた資金を受け取れるのは、原則 ケ から。ライフプランに合わせて、コ または サ を選べる(組み合わせも可)。

5 会社が イ を実施している場合には、規約によりイデコに加入できない場合がある。また、シ の種類や有無などにより、イデコの ス が異なる。

解答

ア 個人型	イ 確定拠出年金	ウ 企業型
エ 掛金	オ 運用益	カ 受け取るお金(一時金)
キ 元本確保型	ク 元本変動型	ケ 60歳
コ 一時金	サ 年金	シ 企業年金
ス 掛金の上限額		

集中講義

投資信託の確定申告は難しくない

年間取引報告書など必要書類をそろえましょう。

▶第三表と計算明細書を使う

　投資による利益（配当や分配金を含む）には、年20.315％の税金がかかります。この利益が20万円超の場合、原則として翌年2月16日～3月15日*までに確定申告をする必要があります。特定口座（源泉あり）なら源泉徴収されているため、イデコやNISA、つみたてNISAは非課税のため、確定申告は不要です。

　また、投資信託の運用で損失が出て、他の投資と損益通算や繰越控除をするという場合は確定申告が必要です。

　確定申告書はA様式、B様式の2種類があり、投資信託の利益を申告する場合はB様式を使います（第一表と第二表から成る）。加えて、投資信託の利益は分離課税なので、分離課税用の第三表と計算明細書を使用します。

　申告書の作成は紙の申告書に記入するほか、国税庁の「確定申告書作成コーナー」により、オンライン上で作成することもできます。

＊土日の関係で年によりずれる。

参考　こんな場合に申告すると税金が戻る可能性がある

税金を戻してもらう申告を「還付申告」といいます。還付申告をするときには、投資信託の利益が20万円以下でも合わせて申告が必要です。

- 年に10万円超の医療費を支払った。
- 住宅ローンを利用してマイホームを買った。
- 災害や盗難の被害にあった。
- ふるさと納税など2000円を超える寄付をした。

注・いずれも還付を受けるには一定の条件あり。

申告書の書き方ポイント

> 投資信託で売却益が出た会社員の場合

第一表 所得や控除金額を記入してとりまとめて、税金の計算をする。

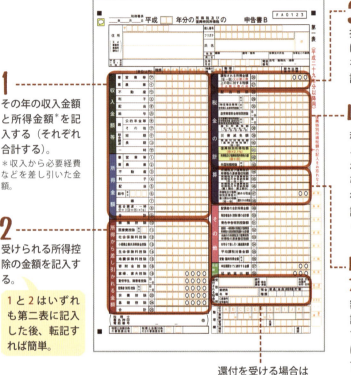

1 その年の収入金額と所得金額*を記入する(それぞれ合計する)。
＊収入から必要経費などを差し引いた金額。

2 受けられる所得控除の金額を記入する。

> 1と2はいずれも第二表に記入した後、転記すれば簡単。

3 投資信託の申告では、第三表で税額を計算して㉗に転記する。

4 税額から控除できる税額控除＊があれば記入して差し引き、復興特別所得税を計算して合計する。
＊配当控除、住宅ローン控除など。

5 4 から源泉徴収税額(第二表から転記)を差し引いて、納付税額または還付税額を記入する。

還付を受ける場合は振込口座などを記入する。

所得税の速算表

課税所得金額	税率	控除額
195 万円以下	5％	—
195 万円超 330 万円以下	10％	9 万 7500 円
330 万円超 695 万円以下	20％	42 万 7500 円
695 万円超 900 万円以下	23％	63 万 6000 円
900 万円超 1800 万円以下	33％	153 万 6000 円
1800 万円超 4000 万円以下	40％	279 万 6000 円
4000 万円超	45％	479 万 6000 円

> 提出するときは、源泉徴収票や年間取引報告書、マイナンバーの本人確認書類など、添付書類を忘れないで〜

第二表 各種所得や受けられる控除の内訳などを記入する。

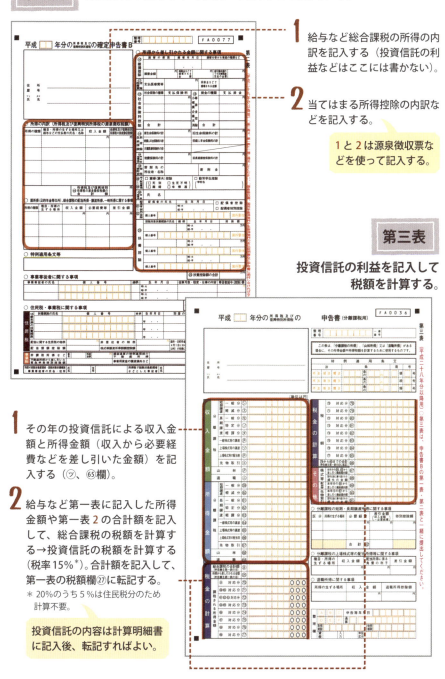

1 給与など総合課税の所得の内訳を記入する（投資信託の利益などはここには書かない）。

2 当てはまる所得控除の内訳などを記入する。

> **1**と**2**は源泉徴収票などを使って記入する。

第三表

投資信託の利益を記入して税額を計算する。

1 その年の投資信託による収入金額と所得金額（収入から必要経費などを差し引いた金額）を記入する（㋡、㋠欄）。

2 給与など第一表に記入した所得金額や第一表**2**の合計額を記入して、総合課税の税額を計算する→投資信託の税額を計算する（税率15％＊）。合計額を記入して、第一表の税額欄㉗に転記する。
＊ 20％のうち5％は住民税分のため計算不要。

> 投資信託の内容は計算明細書に記入後、転記すればよい。

計算明細書* 投資信託の利益の内訳などを記入する。

＊株式等に係る譲渡所得等の金額の計算明細書

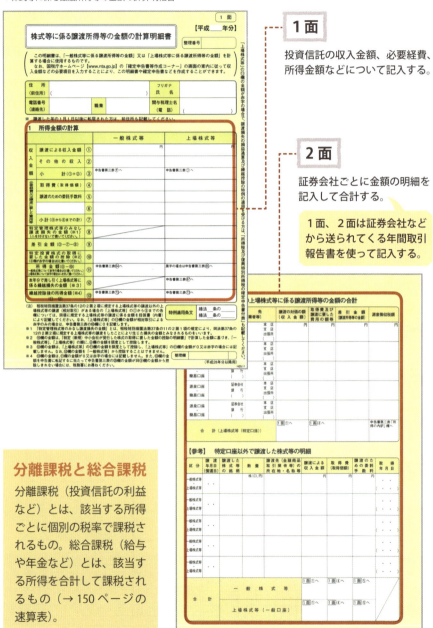

1面
投資信託の収入金額、必要経費、所得金額などについて記入する。

2面
証券会社ごとに金額の明細を記入して合計する。

1面、2面は証券会社などから送られてくる年間取引報告書を使って記入する。

分離課税と総合課税

分離課税（投資信託の利益など）とは、該当する所得ごとに個別の税率で課税されるもの。総合課税（給与や年金など）とは、該当する所得を合計して課税されるもの（→150ページの速算表）。

> ささっとわかる

投資信託お役立ち用語集

目論見書などを読むときに役立つ、投資信託用語を集めました。
本文に登場するものも登場しないものもあります。

アクティブ型
投資信託のうち、ファンドマネージャーの判断や方針により運用されるもの。

アセットアロケーション
分散投資をするときに行うリスクとリターンを考えた資産配分のこと。

委託会社
投資信託を運用する会社（運用会社）。運用の指図などを行う。

インカムゲイン
株式や債券の保有で得られる利益。配当金、分配金、利子など。

インデックス型
投資信託のうち、市場の指数に連動することをめざして運用されるもの。

運用管理費用
信託財産を管理・運用する運用会社や受託銀行への報酬。信託報酬。

エマージング債
アジア、中南米など新興国などの債券。

MRF（エムアールエフ）、MMF（エムエムエフ）
安全性が高めの短期の公社債などで運用される投資信託。MMFは現在外貨建てのみ。

オープン型
投資信託のうち、運用中いつでも購入や売却などができるもの。追加型。

為替ヘッジ
海外投資で為替変動リスクを避けるため、あらかじめ為替レートを固定する方法。

元本
資産運用の元手、元のお金。

キャピタルゲイン
価格の変動により得られる利益。売却益。

繰上償還
当初予定された信託期間を前倒しして償還されること。

繰越控除
投資などで生じた損失を損益通算してもまだ損失額が残る場合、翌年以

降に繰り越して、翌年以降の利益と相殺できる制度（最長3年間）。

クローズド期間
購入後解約できない一定期間。運用を安定させるために設けられる。

グロース株運用
これから成長しそうな株の銘柄に投資する手法。

グローバルファンド
世界のさまざまな国や地域の株式や債券で運用される投資信託。

決算日
投資信託の損益を確定させる日。年1回、毎月など投資信託により異なる。

個別元本
投資信託を購入したときの基準価額。複数回購入した場合は、購入金額の合計を保有口数で割った金額（原則）。

コモディティ
投資対象となる商品（原油や金、農産物など）のこと。

再投資
分配金を支払わず運用に回すこと。複利効果を高められる。

指値注文
株式やETFを購入・売却するとき、価格を指定して注文する方法。

受託会社（受託銀行）
委託会社から託されて信託財産の管理などを行う。信託銀行など。

新興国
株式や債券の海外投資で、これから高い成長が見込める国のこと。BRICs（ブラジル、ロシア、インド、中国）などが有名。

信託銀行
通常の銀行業務に加え、個人や会社から財産を預かって管理する「信託業務」を行う銀行。

スポット購入
投資信託の購入方法で、買いたいときにその都度購入する方法。

設定日
投資信託の運用が開始される日。

ソブリン債
アメリカ、ドイツといった先進国やその政府機関などが発行する債券。

損益通算
投資などで生じた一定期間内の利益と損失を相殺すること。これにより、その年にかかる税金を抑えることができる。

直販投信
運用会社が直接販売する投資信託。直販型ファンド。

特別分配金
元本を切り崩して支払われる分配金。元本払戻金。

ドル・コスト平均法
一定額を定期的に継続して購入していく手法。

成行注文
株式やETFを購入・売却するとき、価格を指定せず注文する方法。

年間収益率
1年当たりの投資による利益率。基準価額の増減で計算される。

ハイ・イールド債
信用リスクが高めのハイリスク・ハイリターンの債券。ジャンク債。

パッシブ運用
市場の指数に連動するよう運用すること。インデックス型と同じ。

バリュー株運用
本来の実力より割安と思われる株の銘柄に投資する手法。

ブラインド方式
投資信託の購入や売却のルールで、申し込み時点では適用される基準価額がわからないようにする方式。

ブル型／ベア型
ブル型は株価の上昇局面で大きな利益をねらうもの。ベア型は下落局面で利益をねらうもの。

ベビーファンド
ファミリーファンド方式で、投資家が実際に購入する投資信託。

ベンチマーク
運用のめやすとされる基準（主に市場平均などの指数）。

ポータビリティ
転職や退職の際、確定拠出年金などで積み立てた資産を他の企業年金などに移すことなどで「持ち運べる」こと。

ポートフォリオ
資産配分のこと。または資産配分による投資全体の設計図。

毎月分配型
1か月ごとに決算して分配金を出すタイプの投資信託。

マザーファンド
ファミリーファンド方式で、ベビーファンドから集めた資金で実際に運用を行う投資信託。

無期限型
信託期間の償還日を設けていない投資信託。

約定日
投資信託の購入や解約の申し込みが成立した日。

ユニット型
投資信託のうち、売買や解約できる期間があらかじめ決まっているもの。単位型。

さくいん

あ

- アクティブ型 ……… 70,82,105,153
- アセットアロケーション ……… 153
- 安全性 ……… 14
- ETF ……… 84
- 委託会社 ……… 153
- 一般口座 ……… 56
- iDeCo(イデコ) ……… 19,138-147
- インカムゲイン ……… 153
- インデックス型 ……… 70,80,104,153
- 受渡日 ……… 65
- 運用会社 ……… 26
- 運用管理費用 ……… 153
- 運用報告書 ……… 98,116
- エマージング債 ……… 79,153
- MRF ……… 153
- MSCIエマージング・マーケット・インデックス ……… 105
- MSCIコクサイインデックス ……… 105
- MMF ……… 115,153
- 円建て ……… 114
- オープン型 ……… 72,153
- おすすめ商品 ……… 123

か

- 海外投資 ……… 78,114
- 外貨建て ……… 114
- 外貨建てMMF ……… 115
- 外国株式 ……… 79
- 外国債券 ……… 79
- 買取請求 ……… 65
- 解約請求 ……… 65
- 価格変動リスク ……… 33
- 確定拠出年金 ……… 138
- 確定申告 ……… 46,149
- 確定申告書 ……… 149
- 家計バランスシート ……… 10
- 株式型 ……… 71,74
- 為替 ……… 114
- 為替差益 ……… 114
- 為替差損 ……… 114
- 為替ヘッジ ……… 114,153
- 為替変動リスク ……… 33,114
- 換金 ……… 64,118
- 監査報酬 ……… 35
- 還付申告 ……… 149

元本	153
元本確保型	144
元本変動型	144
企業型（確定拠出年金）	138
基準価額	28,100
キャピタルゲイン	153
金額指定	61
金融商品	13,14
金利変動リスク	33
口数指定	61
繰上償還	73,153
繰越控除	153
クローズド期間	72,154
グロース株運用	82,154
グローバルファンド	154
計算明細書	152
決算日	154
公的年金等控除	140,146
交付目論見書	62
国際分散投資	78
国民年金基金連合会	142
コスト	34,112
個別元本	154
コモディティ	71,154

さ

| 債券型 | 71,76 |

再投資	154
再投資型	110
指値注文	154
資産運用	12
資産配分	42
シティ世界国債インデックス	105
死亡一時金	147
シャープレシオ	102
収益性	14
受託会社	154
受託銀行	26
ジュニアNISA	59
純資産総額	28,101
障害給付金	147
償還延長	73
償還金	30
上場投資信託	84
所得控除	140
所得税の速算表	150
シリーズ商品	72
新規設定	123
新興国株式	79,154

新興国債券	79,154
信託	24
信託期間	72
信託銀行	154
信託財産留保額	34,64
信託報酬	34,112
信用リスク	33
スポット購入	154
請求目論見書	62
設定日	154
先進国株式	79
先進国債券	79
総合課税	151
ソブリン債	79,154
損益通算	46,154

た

第一表(確定申告書)	150
第三表(確定申告書)	151
退職金	134
退職所得控除	140,146
第二表(確定申告書)	151
単位型	70,72
単一用途特化型	86
長期投資	18,44,106
直販投信	55,154
追加型	70,72
つみたてNISA	19,108,145
定時定型	72
テーマ型	83,123
手数料	112,128
投資家	24
投信積立	106,133
騰落率	100
トータルリターン	103
特定口座	46,56
特別分配金	31,47,127,154
TOPIX(東証株価指数)	80,105
取引口座	52,56
ドル・コスト平均法	107,155

な

内外	71
成行注文	155
NISA(少額投資非課税制度)	19,58,108
NISA口座	46,56,58
日経平均株価	80,105
値上がり益	30
年間収益率	155
ノーロード投信	81
NOMURA-BPI総合	105

は

ハイ・イールド債 …………………… 79,155
売却益 …………………………………… 30
売買委託手数料 ………………………… 35
ハイリスク・ハイリターン ………… 32,74
破たん …………………………………… 27
パッシブ運用 ………………………… 155
バランス型 …………………………… 71,88
バリュー株運用 …………………… 82,155
販売会社 …………………………… 26,54
販売手数料 …………………………… 34
ファミリーファンド方式 …………… 90
ファンドオブファンズ方式 ………… 90
ファンドマネージャー ……………… 24,82
ファンドラップ ……………………… 119
複利効果 …………………………… 44,110
普通分配金 …………………………… 31
不動産投資信託 ……………………… 86
ブラインド方式 …………………… 155
ブル型／ベア型 …………………… 155
分散投資 …………………………… 18,40
分配型 ……………………………… 71,110
分配金 …………………………… 30,110,126
分離課税 …………………………… 152
ベビーファンド …………………… 90,155
ベンチマーク …………………… 104,155

ポータビリティ ……………………… 155
ポートフォリオ …………………… 42,155

ま

毎月分配型 ………………………… 110,155
マイナンバーカード …………………… 57
マザーファンド …………………… 90,155
無期限型 …………………………… 155
無分配型 …………………………… 71,110
目標利回り …………………………… 42
目論見書 …………………………… 62,98

や

約定日 ……………………………… 65,155
ユニット型 ………………………… 72,155
預金金利とのセット商品 …………… 135
余裕資金 ……………………………… 15

ら

ライフプランシート ………………… 11
ランキング ………………………… 122
REIT ……………………………… 71,86
リスク ……………………………… 32,124
リスク許容度 ………………………… 38
リターン ……………………………… 32
リバランス ………………………… 88,116
流動性 ………………………………… 14
ローリスク・ローリターン ………… 32

監修者
大竹のり子（おおたけ のりこ）
エフピーウーマン代表取締役
ファイナンシャルプランナー

出版社の編集者を経て、2005年4月に女性のためのお金の総合クリニック「エフピーウーマン」を設立。現在、雑誌、講演、テレビ・ラジオ出演のほか、『お金の教養スクール』の運営を通じて、正しいお金の知識を学ぶことの大切さを伝えている。『はじめてでもスイスイわかる！確定拠出年金［iDeCo］入門』（小社刊）など著書多数。

エフピーウーマン
https://www.fpwoman.co.jp/

編集協力	横山渉・オフィス201
本文デザイン	南雲デザイン
イラスト	小野寺美恵
校正	渡邉郁夫
編集担当	森田直（ナツメ出版企画）

これ一冊で安心！ 投資信託のはじめ方

2019年3月1日　初版発行

監修者	大竹のり子	ⓒ Otake Noriko, 2019
発行者	田村正隆	
発行所	株式会社ナツメ社	
	東京都千代田区神田神保町1-52　ナツメ社ビル1F（〒101-0051）	
	電話　03（3291）1257（代表）　FAX　03（3291）5761	
	振替　00130-1-58661	
制　作	ナツメ出版企画株式会社	
	東京都千代田区神田神保町1-52　ナツメ社ビル3F（〒101-0051）	
	電話　03（3295）3921（代表）	
印刷所	ラン印刷社	

ISBN978-4-8163-6608-6　　　　　　　　　　　　　　　　Printed in Japan

〈本書に関するお問い合わせは、上記、ナツメ出版企画株式会社までお願いします。〉
〈定価はカバーに表示してあります〉〈落丁・乱丁本はお取り替えいたします〉
本書の一部または全部を著作権法で定められている範囲を超え、ナツメ出版企画株式会社に無断で複写、複製、転載、データファイル化することを禁じます。